《道德经》新读

张银军◎编著

陕西新华出版传媒集团
三秦出版社

图书在版编目（CIP）数据

《道德经》新读/张银军编著. —— 西安: 三秦出版社, 2018.1
 ISBN 978-7-5518-1781-3

Ⅰ.①道… Ⅱ.①张… Ⅲ.①道家②《道德经》- 研究 Ⅳ.①B223.15

中国版本图书馆CIP数据核字(2018)第020618号

《道德经》新读

张银军 编著

出版发行	陕西新华出版传媒集团　三秦出版社
社　　址	西安市北大街147号
电　　话	（029）87205121
邮政编码	710003
印　　刷	三河市嵩川印刷有限公司
开　　本	889mm×1194mm　1/32
成品尺寸	210mm×143mm
印　　张	6.5
字　　数	152千字
版　　次	2018年1月第1版 2021年7月第2次印刷
标准书号	ISBN 978-7-5518-1781-3
定　　价	36.00元
网　　址	http://www.sqcbs.cn

前　言

一、《道德经》的主要内容

《道德经》，又称《老子》，是中国古代著名的经典之一，作者是春秋时期老子（李耳），它是先秦道家学派的代表性著作。《道德经》篇幅不长，但它的论述精辟，思想深邃，内涵极其丰富，对中国传统文化的形成和发展产生了重大的影响。其基本内容有论道、辩证思想、治国主张、人生观等。

（一）论道

1. 《道德经》关于道的名称和含义的描述

《道德经》曰："道可道，非常道；名可名，非常名。"我们可以理解为："道"（天然的物体），如果可以用言语来表述（我们）已知的状态，那就不是永恒的"道"（包括我们已知和未知的状态）；"名之大"，如果可以用言语来形容（我们）已知的范围，那就不是永恒的"名之大"（包括我们已知和未知的范围）。

老子以"有物混成"称"道"，其形容为"大"。"道"在天地形成以前就已经存在了。它寂静而空虚，不依靠任何外力而独立生存，永不停息，可以作为天地的根源。外面追寻不到边界，里面不阴暗。无边无际，不能说清楚。迎着它，看不见它的前头；跟着它，也看不见它的后头。我们不知道它的名字，勉强把它叫作"道"，勉强形容为"大"。

对于"道"的运动规律，《道德经》曰："反者道之动。"

对于"道"的宗旨，《道德经》曰："道法自然。"

2. "道"的表现形式——"无"与"有"

以人类的感官触觉来看：道的存在是"无"。《道德经》曰："湛兮，似或存。""道之为物，惟恍惟惚。是谓无状之状，无物之象，是谓惚恍。""道之出口，淡乎其无味，视之不足见，听之不足闻，用之不足既。视之不见，名曰夷；听之不闻，名曰希；搏之不得，名曰微。此三者不可致诘，故混而为一。"

"道"看似空虚，然而使用它是不会穷尽的。隐秘的好像没有而实际是存在的。

"道"作为事物，是不真切的，是没有具体形状的形状，没有具体事物的形象。

"道"要说出来，就淡得没有味道，看它，看不见；听它，听不到；用它，用不完。看却看不见称作无形；听却听不到称作无声；摸却摸不到称作无迹。这三者的形状无从追究，它们原本就浑然一体。

以万物存在的角度来看：道的存在是"有"。《道德经》曰："渊兮，似万物之宗。""天下万物生于有，有生于无。""无，名天地之始；有，名万物之母。""道生一，一生二，二生三，三生万物。"

"道"产生于浑然一体，"一"生天地，天地生阳气、阴气、以及阳气和阴气互相交冲形成的和气，阳、阴、和三气产生万物。

"道"，深远啊，好像万物的宗主。

天下的万物产生于有，有是生于无。"无"，可以用来表述天地初始的状况；"有"，可以用来表述万物产生的根源。

3. "道"的重要性

《道德经》曰："天得一以清，地得一以宁，神得一以灵，谷得一以盈，万物得一以生，侯王得一以为天下正。其致之也，天无以清，将恐裂；地无以宁，将恐废；神无以灵，将恐歇；谷无以盈，将恐竭；万物无以生，将恐灭；侯王无以正，将恐蹶。是以圣人抱一为天下式。"

天得到"道"就可以清明，地得到"道"就可安宁，神得到"道"就可以灵验，河谷得到"道"就可以充盈，万物得到"道"就可以而生长，侯王得到"道"就可以为治理天下的法则。照此推言之，天不能保持清明，恐怕要崩裂；地不能保持安宁，恐怕要塌陷；神不能保持灵验，恐怕要消失；河谷不能保持充盈，恐怕要枯竭；万物不能保持生长，恐怕要火绝；侯王不能保持治理天下的法则，恐怕要亡国。因此，圣人坚守"道"作为天下的楷模。

4. "道常无为而无不为"

《道德经》曰："万物恃之以生而不辞，功成而不有。衣养万物而不为主，可名于小；万物归焉而不为主，可名为大。知此两者亦稽式。常知稽式，是谓"玄德"。"玄德"深矣，远矣，与物反矣，然后乃至大顺。万物作而不辞，生而不有，为而不恃，长而不宰，功成而弗居。夫唯弗居，是以不去。道常无为而无不为。"

万物依赖"道"生长，而它并不推辞，功成却不据为己有。养育万物而不自以为主宰，可以称它为"小"，万物归附而不自以为主宰，可以称它为"大"。知道这两种道理，以此为法则。经常认识这个法则，就可了解"玄德"。"玄德"深沉、辽远，与万物循环往返，然后到顺应自然。万物蓬勃生长而不为其谋划，生养万物而不占有，管理万物而不自持，成就万物而不自居。正因为不自居，因此它的功绩不会消失。道永远顺应万物的发展规律不做主观意识的改变，却没有不是它的作为。

《道德经》新读

(二) 朴素的辩证法思想

1. 事物矛盾双方的统一

《道德经》曰:"有无相生,难易相成,长短相形,高下相盈,音声相和,前后相随,恒也。"老子从自然现象和社会现象中察觉到世间万物相互依存、相互作用的关系,确认对立统一是永恒的、普遍的规律。但是,他却没能看到这种对立面的统一是有条件的,是暂时的和相对的。

2. 事物的现象与本质的对立与统一

《道德经》曰:"大直若屈,大巧若拙,大辩若讷,大赢若绌。大白若辱,大方无隅,大器晚成,大音希声,大象无形。大成若缺,其用不弊。大盈若冲,其用不穷。"老子描述了事物本质特定方面的现象,说明事物的本质与现象的对立,二者又是相互联系和相互依存的。

3. 矛盾双方各向自己的对立方转化

《道德经》曰:"曲则全,枉则直,洼则盈,敝则新,少则多,多则惑。""祸兮福之所倚,福兮祸之所伏。孰知其极?其无正也。正复为奇,善复为妖。人之迷,其日固久。"老子认识到事物向自己的对立面转化的规律,但是对事物转化规律的表述,是不全面的,只看到事物对立的一方向另一方转化的事实,而忽视了转化是有条件的,不了解条件在转化中的作用。脱离条件而讲对立面的转化,就把对立面看成是无条件的、绝对的。但是老子注意到事物对立的一方是事物发展和变化的关键。如《道德经》曰:"故有之以为利,无之以为用。""将欲歙之,必固张之;将欲弱之,必固强之;将欲废之,必固举之;将欲取之,必固与之。"

4. 事物的变化

《道德经》曰:"合抱之木,生于毫末;九层之台,起于累土;千里之行,始于足下。"老子的看法没反映出事物的质量互变规律,但注意到事物量的积累,可以引起质的变化。

《道德经》曰:"人之生也柔弱,其死也坚强;草木之生也柔脆,其死也枯槁。故坚强者死之徒,柔弱者生之徒。"这种认识显然是直观的,没有反映事物的本质规律。

(三)政治思想

1.治国思想

(1)"治大国,若烹小鲜"——简政的治国思想。

老子举例说明天地不能使狂风刮一个早晨,使暴雨下一整天。由此推论政令繁多的政令会施行不通,不如施行适当的政令,施行适当的政令,事情成功,百姓都说事情本来就是这样发展的。

(2)圣人"以无事无为取天下"的治国思想。

想要治理天下却凭主观的爱憎去作为,我看他是不能达到目的。天下这个神圣的东西,不可以凭主观的爱憎去作为,不可以据为己有。凭主观的爱憎去作为治理就会失败,据为己有就会失去。因此,圣人不凭主观的爱憎去作为,所以不会失败;不据为己有,所以不会失去。治理天下永远以无事,如果采用凭主观的爱憎去作为和据为己有,就不能够治理天下了。

(3)大国应谦下的治国思想。

老子论述大国应该像江海,处于河流的下游,是天下河流交汇的地方。同时大国应像娴静的雌性,以静处下位而胜雄性。由此推衍大国和小国都应谦下,强调大国应该谦下。

2.治民思想

(1)以圣人的行为为准则治民。

老子提出圣智、仁义、巧利的学问是民心迷惑、道德沦丧、世风败坏的原因。认为要使百姓的思想有所归属就要保持纯洁的本性,减少私欲杂念。杜绝圣智、仁义、巧利的学问,就会没有忧患。

老子论述社会中缤纷的色彩使人眼花缭乱、纷繁的音乐使人听觉失灵、丰盛的食物使人味觉失灵、纵情狩猎使人的思想发狂、难得的财物使人行为不轨。因此，圣人治理天下，使百姓的私欲不自满，满足百姓的饮食，削弱百姓贪念的欲望，增强百姓的身体。圣人只求温饱恬淡的生活方式而不满足对欲望的追求。

（2）以统治者的政策来治民。

《道德经》讲述"无欲而治"的治民思想："不尚贤""不贵难得之货""不见可欲"的好处，即去除能引起百姓私欲的根源。堵塞贪欲的感官，关闭私欲的根源，终身不会烦扰；打开贪欲的感官，成就私欲的事情，终身都不可能救治。尽力拥有安足的内心，忠实坚守内敛的思想。

《道德经》提出"朴实敦厚"的治民思想：《道德经》曰："古之善为道者，非以明民，将以愚之。"即古代善于推行道的人，不是使百姓知晓巧智，而是使百姓敦厚。

（3）提出"以德治民"的思想。

《道德经》论述"道"和"鬼"的恩德：不分人善与不善皆爱护，说明恩德是善良人的珍宝，不善的人之所以被爱护的原因。因此执政者不应抛弃不善良的人，执政者应当把"德"作为执政的理念，最后说明"德"的贵重。

3. 论君主

《道德经》曰："信不足焉，有不信焉。"主张君主应按时执行政令的奖惩。

《道德经》曰："奈何万乘之主，而以身轻天下？"主张君主应以稳重和清静的做事行为，抛弃轻率和躁动的做事行为。

《道德经》曰："执大象，天下往。往而不害，安平泰。"主张君主应勤政使百姓生活稳定安宁，天下的百姓就都会归附他，而不是君主自己穷奢极欲，以天下供奉自己。

4. 议兵

《道德经》认为战争是不吉利的东西,战争给社会经济和人民生活带来严重后果。战争的目的是只求达到救济危难;达到目的是出于不得已。战争不是君子所用的东西,是不得已才用它,应该淡然处之。仗打胜而赞美战争的人,是喜欢杀人的人,不可能得志于天下。

5. 提出君主应重视农耕达到治理百姓且担负国家的思想目的

农耕的作用:一是对社会的稳定,粮食是人民生存的必需品,一定的粮食储备对稳定人民心理具有重要的作用;二是防范作用,充足的粮食供应,对国民长期稳定发展有重大意义。

6. 提出"小国寡民"的农村社会生活情景

"小国寡民"的农村社会生活情景反映出古代自给自足的社会生活方式,同时也反映出老子想过一种安宁、恬淡、自足的社会生活方式。

7. 提出社会财富均衡的思想

《道德经》讲述天地自我均衡而降甘露和天道保持平衡的现象,总结出天的规律——"损有余而补不足";指出现实社会的规律——"损有余而补不足。"与天的规律形成对比,能与天的规律相符合的就只有"有道者"了。

(四)人生观

1.《道德经》中对"圣人""上善者""天之道"的描述让我们看到了老子所认可、所追求的人生行为准则。

(1)圣人之道:"圣人之道,为而不争。"

(2)上善者:"上善若水。水善利万物而不争,处众人之所恶,故几于道。"

(3)天之道:"天之道,利而不害","功成身退,天之道也"。

2. 老子所认可、所追求的其他人生行为准则

（1）处世："曲则全""贵柔戒刚"。

（2）处事："慎终如始"的原则。

（3）尊重榜样和借鉴经验的道理：论述了对善者与不善者一律善待，对守信者与不守信者一律相信；提醒人们要尊重榜样和借鉴经验的道理。

（4）"适可而止"的人生观：以名与利和人的自身相比，突出人要重视自身；对名和利的追求必然要付出很多的损失和代价，因此对待虚名和货利要适可而止，这样自身才可以避免危险。

（5）提出修养的认知是"知人者智""自知者明""自胜者强""知足者富"；人生应实现的追求标准是"强行者有志""不失其所者久""死而不亡者寿"；这些认识对今天的我们仍有着重要意义。

3. 老子的人生准则：慈爱，节俭，不敢居于天下人之先。

（五）时代的局限

《道德经》曰："吾不知谁之子，象帝之先。""神得一以灵。""非其鬼不神也，其神不伤人。"可见老子认为鬼神确实存在，而且还会向善。从今天的观点来看，这显然是与科学的精神背道而驰的。

二、《道德经》新读

本书采用《道德经》通行版本，对每章分为新读或原文、注释、译文三个版块，译注简明准确。

本书以"错简""错简重出"和"疑为后人增补"对《道德经》通行版本进行编著，《道德经》原文八十一章，本书重新编为《〈道德经〉新读》六十九章。一篇文章一个中心思想，各个章句前后连接，内在逻辑联系与整体结构完整，可以完整理解《道德经》的思想内容。

有些章句是作者对某些言论和某些事情的直接评论，代表作者的思想；而有些章句则是作者用来描述将要评论的论点，所以读者阅读时应当区别对待，如果把作者用来描述将要评论的论点当作是作者的思想，那就走入误区了。

在本书编著过程中，我深深地感受到《道德经》的博大精深，由于编著者水平有限，书中疏漏之处在所难免，欢迎广大读者指正。

目录

前言	01
第一章	01
第二章	02
第三章	03
第四章	04
第五章	05
第六章	07
第七章	08
第八章	09
第九章	10
第十章	11
第十一章	13
第十二章	15
第十三章	17
第十四章	19
第十五章	20

第十六章	21
第十七章	22
第十八章	24
第十九章	25
第二十章	27
第二十一章	28
第二十二章	30
第二十三章	31
第二十四章	32
第二十五章	34
第二十六章	35
第二十七章	36
第二十八章	38
第二十九章	39
第三十章	41
第三十一章	42
第三十二章	43
第三十三章	45
第三十四章	47
第三十五章	49
第三十六章	50
第三十七章	51
第三十八章	52
第三十九章	53
第四十章	54

第四十一章	55
第四十二章	56
第四十三章	57
第四十四章	58
第四十五章	60
第四十六章	61
第四十七章	62
第四十八章	64
第四十九章	66
第五十章	67
第五十一章	68
第五十二章	70
第五十三章	71
第五十四章	72
第五十五章	74
第五十六章	76
第五十七章	77
第五十八章	78
第五十九章	80
第六十章	82
第六十一章	83
第六十二章	84
第六十三章	85
第六十四章	86
第六十五章	88

第六十六章	89
第六十七章	90
第六十八章	91
第归集一章	92
附录	95

第一章

【新读】

　　天下万物生于有,有生于无。

　　无,名天地之始;有,名万物之母。

　　故常无,欲以观其妙;常有,欲以观其徼①。此两者,同出而异名,同谓之玄。玄之又玄,众妙之门②。

　　执古之道,以御今之有③。能知古始,是谓道纪。

【注释】

　　①徼:边界,比喻端倪。
　　②众妙之门:天地万物的源头。门,源头。
　　③有:存在的具体事物。

【译文】

　　天下的万物产生于有,有产生于无。

　　无,可以用来表述天地初始的状况;有,可以用来表述万物产生的根源。

　　因此,从永恒的无中可以领悟道的奥妙;从永恒的有中可以体会道的端倪。无与有这两者,来源相同而名称相异,都可以称为玄妙。玄妙而又玄妙,是大地万物的源头。

　　把握久远的道,来驾驭现存的一切事物。能了解古代的原始情况,这叫作道的规律。

第二章

【新读】

　　天下皆知美之为美，斯恶①矣；皆知善之为善，斯不善矣。

　　有无相生，难易相成，长短相形②，高下相倾③，音声相和，前后相随，恒也。

【注释】

　　①恶：丑陋。
　　②形：比较。
　　③倾：依存。

【译文】

　　天下人都知道美是美的，丑的观念同时就存在了；天下人都知道善是善的，不善的观念同时就存在了。

　　有和无相互产生，难和易相互形成，长和短相互比较，高和下相互依存，音与声相互应和，前和后相互跟随，这是永恒不变的现象。

第三章

【新读】

不尚贤①,使民不争;不贵难得之货,使民不为盗;不见②可欲,使民心不乱。

塞其兑,闭其门,终身不勤;开其兑,济其事,终身不救。

致虚③极,守静④笃。

【注释】

①尚贤:推崇有才能的人。"尚贤"是墨家的主张,《墨子·尚贤上》曰:"夫尚贤者,政之本也。"

②见:同"现",炫耀。

③虚:无欲,指安足的内心。

④静:清静,指内敛的思想。

【译文】

在上者不尊重有才能的贤人,使百姓不争夺;不看重贵重物品,使百姓不去偷窃;不炫耀可以引起贪欲的事物,使百姓心思不被迷惑。

堵塞贪欲的感官,关闭私欲的根源,终身不会烦扰;打开贪欲的感官,成就私欲的事情,终身都不可救药。

尽力拥有安足的内心,忠实坚守内敛的思想。

第四章

【新读】

谷神①不死,是谓玄牝②。玄牝之门,是谓天地根。天地之间,其犹橐籥③乎?虚④而不屈,动而愈出。绵绵⑤若存,用之不勤⑥。

【注释】

①谷神:生育万物的神。谷,同"育",生育。
②玄牝:微妙的母体,象征具有造物能力的道。
③橐籥:古代的风箱。橐,鼓风吹火器;籥,通气的竹管。
④虚:使空出。
⑤绵绵:延续不绝的样子。
⑥勤:《淮南子·原道》高诱注曰:"勤,尽也。"

【译文】

生育万物的神是长存不息的,可以称为微妙的母体。微妙母体这个称谓的源头,可以称为天地的根源。

天地之间,不正像个风箱一样吗?虽然空虚却不枯竭,鼓动起来风就不停地吹。

延续不绝好像永远存在,是使用不尽的。

第五章

【新读】

　　天地不仁①，以万物为刍狗②；圣人不仁，以百姓为刍狗。

　　天长地久。天地所以能长且久者，以其不自生，故能长生。

　　圣人不积，既以为人，己愈有；既以与人，己愈多。以其无私，故能成其私。

　　天之道，利而不害；圣人之道，为而不争。

【注释】

　　①仁：指儒家的仁爱，源自家族血缘的孝悌之亲，即等差之爱。
　　②刍狗：用草扎成的狗，用来作为祭品。未祭时受人敬重纹饰，祭后受到践踏焚烧，刍狗前后的命运不同，并非由于人们的情感变化，是因为条件、环境、需要的不同而引起的。

【译文】

　　天地没有偏爱，对待万物就像对待刍狗一样，任凭万物自生自灭；圣人也没有偏爱，对待百姓也像对待刍狗一样，任凭人们自作自息。

　　天地是长久存在的。天地能够长久存在，是因为它不是为了自己的生存而运行着，所以能够长久生存。

　　圣人不积累财富，尽力帮助别人，自己也更为富有；尽力给予别人，自己反而更丰富。不正是因为他无私，所以能成就他的自身。

　　天的规律,是让万事万物都得到好处而不伤害它们;圣人的行为准则,是做什么事都不跟别人争夺。

第六章

【新读】

上善若①水。水善利万物而不争，处众人之所恶，故几于道②。

居③善地，心善渊④，与⑤善仁，言善信，政善治，事善能，动善时。

【注释】

①若：如同。
②几于道：接近于"道"。几，接近。道，指无名之朴。
③居：居住，比喻处世。
④渊：深远沉静。
⑤与：同"予"，交往。

【译文】

道德高尚的人如同水一样。水善于滋养万物而不与万物相争，安居于众人都不喜欢的低洼之地，所以最接近于"道"。

处世像水一样谦顺，心胸像水一样深远沉静，待人像水一样友善，说话像水一样真实，为政像水一样清静安定，处事像水一样随物成形，行动像水一样把握时机。

《道德经》新读　7

第七章

【原文】

持而盈之,不如其已;揣而锐之,不可长保。

金玉满堂,莫之能守;富贵而骄,自遗其咎①。

功成身退,天之道也②。

【注释】

①咎:灾祸。

②功成身退,天之道也:事情做成功了并且自己的生命得以保全,是天的规律。天,比人类品质更高尚和能力更强大的存在。

【译文】

把持使它满而溢,不如适时停止;打磨使它锋利,锐势难以保持长久。

金玉满堂,没有谁能永远守藏得住;富贵到了骄横的程度,那就给自己留下了灾祸。

事情做成功了并且自己的生命得以保全,才符合天的规律。

第八章

【新读】

载营魄抱一①,能无离乎?
专气②致柔,能如婴儿乎?
涤除玄鉴③,能无疵乎?
爱民治国,能无为乎?
天门④开阖,能为雌乎?
明白四达,能无知⑤乎?

【注释】

①载营魄抱一:精神和身体合一。营,寓意头脑,精神。魄,体魄。
②专气:聚合精气,排除杂念。专,聚合。
③玄鉴:微妙的心境。
④天门:指耳目口鼻等人的感官。
⑤知:通"智",智慧。

【译文】

精神和身体合一,能互不分离吗?
聚合精气达到最柔和的心境,能像婴儿一样纯真吗?
清除杂念达到微妙的心境,能没有瑕疵吗?
爱民治国,能遵行自然无为的规律吗?
感官活动,能坚守宁静吗?
明白通达,能不依赖智慧吗?

第九章

【原文】

三十辐共一毂①，当其无②，有车之用。
埏埴③以为器，当其无④，有器之用。
凿户牖⑤以为室，当其无⑥，有室之用。
故有之以为利，无之以为用。

【注释】

①毂：是车轮中心的木制圆圈，中有圆孔，即插轴的地方。
②无：指车毂中间的洞孔。
③埏埴：制陶。埏，和、揉；埴，黏土。
④无：指陶器的中空。
⑤户牖：门窗。
⑥无：四壁内的空虚部分。

【译文】

三十根辐条环绕着一个车毂，有了车毂中间的洞孔，才有了车的作用。

揉捏陶土制成器皿，有了器皿中的空间，才有了器皿的作用。

开凿门窗建造房屋，有了门窗四壁内的空间部分，才有了房屋的作用。

所以，实体"有"所给人带来便利，是因为"无"起着重要的配合作用。

第十章

【新读】

　　五色令人目盲；五音令人耳聋；五味令人口爽①；驰骋畋猎令人心发狂；难得之货令人行妨②。

　　圣人在天下，歙歙焉，为天下浑其心。

　　圣人常无心，以百姓心为心③。百姓皆注其耳目，圣人皆孩之。

　　是以圣人欲不欲，不贵难得之货；学不学，复众人之所过。

　　是以圣人之治，虚其心，实其腹，弱其志，强其骨。

　　是以圣人为腹不为目，故去彼取此。

【注释】

　　①爽：丧失、失去。
　　②行妨：行为不轨。
　　③心：谋划。

【译文】

　　缤纷的色彩使人眼花缭乱；纷繁的音乐使人听觉失灵；丰盛的食物使人味觉失灵；纵情狩猎使人的思想发狂；难得的财物使人行为不轨。

　　圣人治理天下，总是谨慎的样子，为天下而混沌百姓的思想。

圣人永远没有私心，为百姓的思想归属作谋划。百姓们都专注自己的欲望，圣人使他们恢复到婴孩般质朴的状况。

　　因此，圣人所向往的事是百姓所不向往的，不珍爱难得的财物；学习的东西是百姓所不学习的，并以此纠正众人的过错。

　　因此，圣人治理天下，使百姓的私欲不自满，满足百姓的饮食，削弱百姓贪念的欲望，强健百姓的身体。

　　因此，圣人只求温饱恬淡的生活方式，不去追求纵情欲望，所以，要抛弃对欲望的满足，只追求温饱的生活。

第十一章

【原文】

宠辱若惊,贵①大患若身。

何谓宠辱若惊?宠为上,辱为下;得之若惊,失之若惊,是谓宠辱若惊。

何谓贵大患若身?吾所以有大患者,为吾有身;及②吾无身,吾有何患?

故贵以身为天下,若可寄③天下;爱以身为天下,若可托天下。

【注释】

①贵:重视。
②及:如果。
③寄:寄托。

【译文】

得到宠爱和受到侮辱都如同受到惊恐一样;重视自身如同重视祸患一样。

什么叫作得宠和受辱都如同受到惊恐一样?得宠是荣耀的事,受到侮辱是低贱的事;得到宠爱感到意外惊恐,失去宠爱感到惊慌不安,这就叫作得宠和受辱都如同受到惊恐一样。

什么叫作重视自身如同重视祸患一样?我之所以有祸患,是因为我有自身的私利;如果我没有自身的私利,我还会有什么祸患?

因此,以珍贵自身的思想治理天下的人,就可以把天下的重担托付给他了;以爱惜自身的思想治理天下的人,就可以把天下的重任交付给他了。

第十二章

【新读】

孔①德之容，惟道②是从。

古之善为道者，微妙玄通，深不可识。

夫唯不可识，故强为之容：豫③兮，若冬涉川；犹兮，若畏四邻；俨④兮，其若客；涣兮，其若凌释⑤；敦兮，其若朴；旷兮，其若谷；混⑥兮，其若浊；澹兮，其若海；飂兮，若无止。

孰能浊以静之徐清？孰能安以动之徐生？

【注释】

①孔：大。
②道：指无名之朴。
③豫：谨慎。
④俨：严肃。
⑤涣兮，其若凌释：悠闲独处啊，好像冰消融一样舒缓。涣，涣散，指悠闲独处。凌，冰。
⑥混：同"浑"，浑厚。

【译文】

大德的行为，只遵循"道"。

古时候善于行道的人，微妙幽深而通达，深邃不可认识。

正因为不可认识，所以只能勉强来形容描述：谨慎啊，好

《道德经》新读

像冬天踩着冰过河一样；踌躇疑惧啊，好像防备着周围的伤害；庄重严肃啊，好像去赴宴的客人一样；悠闲独处啊，好像冰消融一样舒缓；品德敦厚啊，好像未经过雕饰的原木一样；心胸豁达啊，好像深幽的山谷一样；浑厚啊，好像混浊的水流一样。宁静啊，好像浩渺的大海；飘扬啊，好像永无止境。

谁能使浑浊的水流安静下来，慢慢澄清？谁能使安静变得动起来，慢慢显出生机？

第十三章

【新读】

　　天下有始，以为天下母。既得其母，以知其子；既知其子，复守其母。

　　万物并作，吾以观复①，复归于无物②。

　　夫物芸芸③，各归其根。归根曰静，静曰复命④，复命曰常⑤。知常容⑥，容乃公⑦，公乃全，全乃天，天乃道⑧，道乃久。

【注释】

①复：还原。
②无物：无形无象的状态。
③芸芸：形容草木繁茂。
④复命：还原到原始的状态。
⑤常：永恒不变。
⑥容：规律。
⑦公：同"共"，共同。
⑧道：指世界的本体。

【译文】

　　天地万物都有自己的起始，以此作为万物的根源。既然得知根源，就知道万物；既然知道万物，就坚守根源。

　　万物一起蓬勃生长，我来观察万物的还原，还原回归到无形无象的状态。

万物纷繁众多，各自还原回归到它的根源。回归到它的根源就叫作"静"，清静就是还原到原始的状态，还原到原始的状态是永恒不变的。认识到"常"是规律，永恒的规律是共同的，共同的就能普遍，普遍才能自然，自然的符合"道"，符合"道"才能持久。

第十四章

【新读】
　　太上①，不知有之②；其次，亲而誉之；其次，畏之；其次，侮之。
　　信③不足焉，有不信焉。

【注释】
　　①太上：最好的统治者。
　　②不知有之：不知道他的存在。
　　③信：信用。指政令的奖惩能否实现。

【译文】
　　最好的统治者，百姓感觉不到他存在；其次的统治者，百姓亲近并且称赞他；再次的统治者，百姓畏惧害怕他；更次的统治者，百姓侮辱他。
　　统治者的信用不足，人民才不相信他。

第十五章

【原文】

大道①废,有仁义;智慧②出,有大伪;六亲不和,有孝慈;国家昏乱,有忠臣。

【注释】

①道:指无名之朴。
②智慧:智谋。

【译文】

大道被废弃了,才有仁义的提倡;智谋出现了,才有虚伪的盛行;家庭出现了不和睦,才有孝与慈的行为;国家陷于混乱,才出现忠臣。

第十六章

【原文】

　　绝圣弃智，民利百倍；绝仁弃义，民复孝慈；绝巧弃利，盗贼无有。此三者以为文①不足。

　　故令有所属：见素②抱朴③，少私寡欲，绝学④无忧。

【注释】

　　①文：文饰。
　　②见素：显现纯洁。见，同"现"，显现；素，未染色的丝，比喻纯洁。
　　③朴：未经雕刻的原木，比喻质朴。
　　④绝学：抛弃圣智、仁义、巧利的学问

【译文】

　　杜绝聪明和抛弃巧智，百姓可以得到百倍的好处；杜绝"仁"和抛弃"义"，百姓可以恢复孝慈的天性；杜绝巧诈和抛弃私利，盗贼也就没有了。圣智、仁义、巧利这三者全是文饰的东西，不足以治理天下。

　　所以，要使百姓的思想认识有所归属：显现纯洁和坚守朴实，减少私欲贪念。抛弃圣智礼法的学问才能没有忧患。

第十七章

【新读】
　　唯之与阿，相去几何？美之与恶，相去若何？人之所畏，不可不畏。荒兮，其未央①哉！
　　众人熙熙，如享太牢②，如春登台。我独泊兮，其未兆③；沌沌兮，如婴儿之未孩；傈傈④兮，若无所归。
　　众人皆有余，而我独若遗⑤。众人皆有以，而我独顽且鄙。我愚人之心也哉！
　　俗人昭昭⑥，我独昏昏⑦；俗人察察⑧，我独闷闷⑨。
　　我独异于人，而贵食母⑩。

【注释】
①未央：没有边际。
②太牢：古人祭祀或宴会所用牛、羊、猪三畜，称为太牢。
③未兆：没有征兆，喻义无动于衷。
④傈傈：疲倦懒散的样子。
⑤遗：不足。
⑥昭昭：精明的样子。
⑦昏昏：糊涂的样子。
⑧察察：苛刻的样子。
⑨闷闷：纯朴的样子。
⑩母：道，指无名之朴。

【译文】
　　应诺和呵斥，相差多少？善和恶，又相差在哪里？人们所畏惧的，我不能不畏惧。这种风气从远古以来就是如此，好像没有尽头的样子。

众人都熙熙攘攘，如同去参加盛大的宴席，如同春天里登台眺望美景。而我却独自淡泊宁静，无动于衷。混混沌沌的样子啊，好像婴儿还不会发出嬉笑声。疲倦懒散啊，好像没有归依。

众人都有所剩余，唯独我好像什么也不足；众人都有作为，唯独我顽愚且鄙陋。我真是有一颗愚人的心啊！

世俗的人都活得精明，唯独我过得糊涂；世俗的人都苛刻，唯独我纯朴。

我独与众人不同，而是重视效法于"道"。

第十八章

【新读】

道冲①而用之或不盈。渊兮，似万物之宗；湛兮，似或存。

道之为物②，惟恍惟惚。是谓无状之状，无物之象，是谓惚恍③。惚兮恍兮，其中有象；恍兮惚兮，其中有物。窈兮冥兮，其中有精④，其精甚真；其中有信⑤。

【注释】

①道冲："道"看似空虚。道，指世界的本体。冲，通"盅"，空虚。
②道之为物：道作为事物。物，事物。
③惚恍：不真切、不清楚。
④精：指极细微的物质性实体。
⑤信：音信。

【译文】

"道"看似空虚，然而使用它是不会穷尽的。深远啊，好像万物的宗主；隐秘啊，好像无而实存。

"道"作为事物，是不真切的。是没有具体形状的形状，没有具体事物的形象，称为"恍惚"。不真切啊，其中却有形象；不清楚啊，其中却有实物。模糊啊，其中却含有细微的实体，这个细微的实体是非常真实的；其中却有音信。

第十九章

【新读】

曲则全，枉则直，洼则盈，敝则新，少则得，多则惑。

企者不立，跨者不行。自见①者，不明；自是者，不彰；自伐者，无功；自矜者，不长。挫其锐，解其纷，和其光，同其尘②，是谓"玄同"。不自见，故明；不自是，故彰；不自伐，故有功；不自矜，故长。

古之所谓"曲则全"者，岂虚言哉！诚全而归之。

保此道③者，不欲盈。夫唯不盈，故能敝而新成。

【注释】

①见：同"现"，炫耀。
②尘：指庸俗肮脏或庸俗肮脏的事物。
③道：指规律。

【译文】

委曲反而能保全，弯曲反而能伸直，低洼反而能充盈，陈旧反而能更新，缺少反而能多得，贪多反而迷惑。

踮起脚跟的人难以久立，迈着大步的人难以远行。自我显露的人反而不聪明；自以为是的人反而不能显扬；自我夸耀的人反而没有功劳；自大的人反而不能长久。挫掉他们的锋芒，解决他们的纠纷，混合他们的荣耀，规范他们的世俗，这就是"玄同"。不显露反而聪明；不自以为是反而能显扬；不自我夸耀反而有功劳；不自大反而能长久。

古时所谓"委曲反而能保全"的话，难道是空话吗？确实能够让他保全。

保持这个规律的人不会自满。正因为他从不自满，所以能够去旧更新。

第二十章

【新读】

　　希言自然①。

　　故飘风不终朝，骤雨不终日。孰为此者？天地。天地尚不能久，而况于人乎？

　　多言数穷，不如守中②。

　　悠兮，其贵言③。功成事遂，百姓皆谓："我自然。"

　　治大国，若烹小鲜④。

【注释】

　　①自然：事物的本来面目，指事物按自身的发展规律发展。
　　②守中：适当的政令，指合乎事物的发展规律。
　　③贵言：不轻易发号施令。
　　④鲜：《说文》曰："鲜，鱼也。"

【译文】

　　少施政令就会顺其自然。

　　因此，狂风刮不了一个早晨，暴雨下不了一整天。是谁使它这样的呢？天地。天地尚且不能让狂风暴雨长久，更何况是人呢？

　　政令繁多反而加快失败，不如保持适当的政令。

　　悠闲啊，不轻易发号施令。事情办成功了，百姓说："我们本来就是这样的。"

　　治理大的国家，就像煎烹小鱼一样，不要多次翻动。

第二十一章

【新读】

有物混①成，先天地生。寂兮寥兮，独立而不改，周行而不殆，吾不知谁之子，象帝②之先，可以为天地母。其上不皦③，其下不昧④。绳绳⑤兮不可名，迎之不见其首，随之不见其后。吾不知其名，强为字之曰道⑥，强为之名曰大。道可道，非常道；名可名，非常名。

大曰逝⑦，逝曰远，远曰反⑧。反者道之动。

故道大，天大，地大，人亦大。域中有四大，而人居其一焉。

人法地，地法天，天法道，道法自然。

【注释】

①混：同"浑"，天然的。

②帝：天帝。

③皦：边界。

④昧：阴暗。

⑤绳绳：无边无际。

⑥道：指世界的本体。

⑦大曰逝：无不包含的整体存在而运行不息。大，无不包含的整体存在；曰，与下文两个"曰"字皆作"而"字解。逝，行也，指运行不息。

⑧反：同"返"，循环往返。

【译文】

　　有一个天然的物体产生，在天地形成以前就已经存在了。寂静而空虚，不依靠任何外力而独立生存永不停息，环绕运行而永不衰竭，我不知道它是何物所生，好像是在天帝出现以前，可以作为天地的根源。外面追寻不到边界，里面不阴暗。无边无际啊！不能说清楚。迎着它，看不见它的前头；跟着它，也看不见它的后头。我不知道它的名字，勉强把它叫作"道"，勉强形容为"大"。"道"，如果可以用言语来表述，就不是永恒的"道"；"名"，如果可以用文辞去命名，就不是永恒的"名"。

　　广大无边的整体存在而运行不息，运行不息而久远伸展，久远伸展而循环往返。循环往返是道的运动规律。

　　所以说道大、天大、地大、人也大。宇宙间有"四大"，而人居其中之一。

　　人效法地，地效法天，天效法"道"，"道"效法自然。

第二十二章

【原文】

重为轻根,静为躁君。是以君子终日行不离辎重①。虽有荣观②,燕处超然。奈何万乘之主,而以身轻天下③?轻则失根,躁则失君。

【注释】

①辎重:古时行军必需的器械、粮食,这里指做事的准则。
②荣观:荣盛的景象。
③以身轻天下:以自己的轻率来治理天下。

【译文】

稳重是轻率的根本,沉静是浮躁的主宰。因此,君子整天从事不离做事的准则。

虽然有荣盛的景象,却能坦然面对而超然物外。怎么万乘之君却以自己的轻率来治理天下呢?

轻率就会丧失根本,浮躁就会丧失主宰。

第二十三章

【新读】

善行,无辙迹①;善言,无瑕谪;善数,不用筹策②;善闭,无关楗③而不可开;善结,无绳约④而不可解。是谓袭明⑤。

【注释】

①辙迹:痕迹。
②筹策:古时人们用作计算的器具,用竹子制成。
③关楗:今作关键,关锁门户用的闩梢。
④绳约:绳索。
⑤袭明:完美的智慧。

【译文】

善于行走的,不会留下痕迹;善于言谈的,言语没有漏洞;善于计数的,用不着筹码;善于关闭的,不用闩梢而使人不能打开;善于捆缚的,不用绳索而使人不能解开。这是完美的智慧。

第二十四章

【新读】

知其雄,守其雌,为天下溪。为天下溪,常德不离,复归于婴儿。

知其白,守其黑,为天下式。为天下式,常德不忒,复归于无极。

知其荣,守其辱,为天下谷。为天下谷,常德乃足,复归于朴。

朴①散则为器②,始制③有名,名亦既有。圣人用之,则为官长,是以圣人常善救人,故无弃人;常善救物,故无弃物。故大制不割④。

【注释】

①朴:未经雕刻的原木。
②器:器具,喻义制度。
③始制:然后制定。始,作副词,然后。
④大制不割:完善的制度是不伤害的。制,制度;割,伤害。

【译文】

深知什么是雄强,却安守雌柔,甘愿处于天下的溪涧之处。甘愿处于天下的溪涧之处,永恒的德性就不会离失,恢复到婴儿般单纯的状态。

深知什么是明亮,却安于暗昧的地位,甘愿做天下的模式。甘愿做天下的模式，永恒的德行就不相差失，恢复到不可穷极的真理。

深知什么是荣耀，却安守羞耻，甘愿处于天下的空虚之处。甘愿处于天下的空虚之处，永恒的德性才得以充足，恢复到自然本初的素朴状态。

朴分散为各种制度，然后制定了名称，名称既然有了。圣人用它，成为百官之长，因此，圣人经常善于做到人尽其才，没有被遗弃的人；经常善于做到物尽其用，没有被废弃的东西。所以完善的制度是不伤害百姓的。

第二十五章

【新读】

以政治国，以奇用兵，以无事①取天下。

将欲取天下而为②之，吾见其不得已。天下神器，不可为也，不可执也。为者败之，执者失之。

是以圣人去甚，去奢，去泰。

是以圣人无为，故无败；无执，故无失。

取天下常以无事，及其有事，不足以取天下。

【注释】

①无事：指符合事物发展规律的思想。

②为：治理，指以主观的爱憎去作为。

【译文】

凭借政策治理国家，凭借奇谋指挥作战，凭借无事治理天下。

想要夺取天下却凭主观的爱憎去治理，我看他是不能达到目的的。天下的神圣的东西，不可以凭主观的爱憎去作为，不可以据为己有。凭主观的爱憎去作为治理就会失败，据为己有就会失去。

因此，圣人去掉极端的、过度的、过分的行为。

因此，圣人不凭主观的爱憎去作为，所以不会失败；不据为己有，所以不会失去。

治理天下永远凭借无所事事，如果采用凭主观的爱憎去作为和据为己有，就不能够治理天下了。

第二十六章

【新读】

以道①佐人主者，不以兵强②天下。

其事好还③。师之所处，荆棘生焉。大军之后，必有凶年。

善有果④而已，不敢以取强。果而勿矜，果而勿伐，果而勿骄。果而不得已，果而勿强。

【注释】

①道：指无名之朴。
②强：称霸。
③还：报应。
④果：救济危难。

【译文】

依照"道"去辅佐君主的人，不靠武力称霸于天下。

穷兵黩武这种事必然会得到报应。军队所到的地方，民生凋敝，田地荆棘横生。大战之后，一定会出现荒年。

善于用兵的人，只求达到救济危难的目的，并不敢用兵来称霸天下。达到目的不要自大，达到目的不要自吹自擂，达到目的不要骄傲自大，达到目的是出于不得已，达到目的不要逞强。

第二十七章

【新读】

夫兵①者,不祥之器,物或恶之②,故有道③者不处。

兵者不祥之器,非君子之器,不得已而用之,恬淡为上。胜而不美,而美之者,是乐杀人。夫乐杀人者,则不可得志④于天下矣。

吉事尚左,凶事尚右。君子居则贵左,用兵则贵右。偏将军居左,上将军居右,言以丧礼处之。杀人之众,以悲哀泣之,战胜以丧礼处之。

【注释】

①兵:战争。
②物或恶之:大家都厌恶它。
③道:指无名之朴。
④得志:实现愿望。

【译文】

战争是不祥的东西,人们都厌恶它,所以,有"道"的人不会发动它。

战争是不祥的东西,不是君子所使用的东西,只有在万不得已的时候才使用它,最好淡然处之。胜利了也不要赞美,赞美它的人,就是喜欢杀人的人。凡是喜欢杀人的人,就不可能得志于天下。

吉庆的事情以左边为上，凶丧的事情以右方为上。君子平时居处就以左边为贵，用兵打仗时就以右边为贵。偏将军居于左边，上将军居于右边，这就是说要以丧礼仪式来处理用兵打仗的事情。战争中杀人众多，要用哀痛的心情参加，打了胜仗，也要以丧礼的仪式去处理。

第二十八章

【原文】

知人者智,自知者明。
胜人者有力,自胜者强。
知足者富。
强行者①有志。
不失其所者久。
死而不亡者寿②。

【注释】

①强行者:毅力坚强的人。
②死而不亡者寿:人的身体虽然消失了,但人的精神思想是不朽的,是永垂千古的,可以算作是长久的存在。寿,长久存在。

【译文】

能了解别人叫作智慧,能了解自己才算明智。
能战胜别人的人可称为有力,能克制自己的弱点的人可称为刚强。
知道满足的人就富有。
毅力坚强的人就能实现志向。
不丢弃根本的人就能长久。
肉体死亡但精神长存的人才算长寿。

第二十九章

【新读】

大道①泛兮，其可左右。

万物恃之以生而不辞，功成而不有。衣养②万物而不为主，可名于小；万物归焉而不为主，可名为大。知此两者亦稽式③。常知稽式，是谓"玄德"。"玄德"深矣，远矣，与物反矣，然后乃至大顺。

万物作而不辞，生而不有，为而不恃，长而不宰，功成而弗居。夫唯弗居，是以不去。道常无为而无不为。

自今及古，其名不去，以阅众甫。吾何以知众甫之状哉？以此。

【注释】

①道：指世界的本体。

②衣养：养育。

③稽式：法则。

【译文】

大道的作用，像泛滥的河水一样广泛流溢，它可左可右，无所不到。

万物依赖它生长而不推辞，功成却不据为己有。养育万物而不自以为主宰，可以称它为"小"，万物归附而不自以为主宰，可以称它为"大"。知道这两种道理，以此为法则。经常

《道德经》新读 39

认识这个法则，就可了解"玄德"。"玄德"深沉啊，幽远啊，与万物循环往返啊，然后到顺应自然。

万物蓬勃生长而不为其谋划，生养万物而不占有，管理万物而不自持，成长万物而不主宰，成就万物而不自居。正因为不自居，因此它的功绩不会消失。道永远顺应万物的发展规律不做主观意识的改变，却没有不是它的作为。

从今到古，它的名字永远不会消失，依据它，才能观察万物。我怎么才能知道万事万物开始的情况呢？是从道认识的。

第三十章

【新读】

将欲歙①之,必固张之;将欲弱之,必固强之;将欲废之,必固举之;将欲取之,必固与之。是谓"微明"。

【注释】

①歙:收敛。

【译文】

想要收敛它,必先扩张它;想要削弱它,必先强盛它;想要废弃它,必先举荐它;想要夺取它,必先给予它。这就叫作"微明"。

第三十一章

【新读】

　　道常无名①，朴。虽小，天下莫能臣。侯王若能守之，万物将自宾。侯王若能守之，万物将自化。化而欲作，吾将镇之以无名之朴②，以辅万物之自然，而不敢为。镇之以无名之朴，夫将不欲，不欲以静，天下将自正③。清静为天下正④。

【注释】

　　①无名：不可名状。
　　②无名之朴：道。
　　③正：纠正。
　　④正：准则。

【译文】

　　道永远不可名状，处于原始的状态。道虽然幽微不可见，天下却没有人能支配它。侯王如果能坚守它，万物将会自动地服从。侯王如果能坚守它，万物就会自我教化。自我教化时产生私欲，我就要用道来镇住它。以此辅助万物达到自然的状态而不敢纵容私欲。用道的质朴来镇服它，就不会产生私欲，没有私欲就可清静，天下万物自我纠正。清静可以作为治理天下的准则。

第三十二章

【新读】

上德不德①，是以有德；下德不失德，是以无德。

上德无为而无以为；下德无为而有以为。

上仁②为之而无以为；上义③为之而有以为。

上礼④为之而莫之应，则攘臂而扔之。

故失道⑤而后德，失德而后仁，失仁而后义，失义而后礼。

夫礼者，忠信之薄，而乱之首。

【注释】

①上德不德：上德的人，不满足名利的欲望。后一个"德"，通"得"，获得，指获得主观方面的需求。

②仁：指儒家的仁爱，源自家族血缘的孝悌之亲，即等差之爱。

③义：公正合理的道理和举动。

④礼：以血缘为纽带，以等级分配为核心，以伦理道德为本位的思想体系和制度。

⑤道：指无名之朴。

【译文】

上德的人不追求获得主观方面的需求，因此拥有德；下德的人不丢弃获得主观方面的需求，因此没有德。

上德的人效法自然，人们没有谁效法自然；下德的人无所作为，人们的作为多与此相同。

上仁的人推举仁爱，人们没有谁能达到；上义的人推举合理的道理和行为，人们追随此种行为。

上礼的人推举礼制，却没有人回应，反而被人们推挡或丢弃。

所以，失去了道才提倡德，失去了德才提倡仁，失去了仁才提倡义，失去了义才提倡礼仪。

礼制，是忠信淡薄的产物，是祸乱的开端。

第三十三章

【新读】

　　道①之出口，淡乎其无味，视之不足见，听之不足闻，用之不足既。视之不见，名曰夷②；听之不闻，名曰希③；搏④之不得，名曰微⑤。此三者不可致诘⑥，故混而为一⑦。

　　昔之得一者：天得一以清，地得一以宁，神得一以灵，谷得一以盈，万物得一以生，侯王得一以为天下正⑧。

　　其致之也，天无以清，将恐裂；地无以宁，将恐废；神无以灵，将恐歇；谷无以盈，将恐竭；万物无以生，将恐灭；侯王无以正，将恐蹶。是以圣人抱一为天下式。

【注释】

①道：指世界的本体。
②夷：无形。
③希：无声。
④搏：抚摸。
⑤微：无迹。
⑥致诘：追究。
⑦一：道，指世界的本体。
⑧正：合于法则的。

【译文】

　　"道"要说出来，就淡得没有味道，看它看不见，听它听不到，用它用不完。看却看不见，称作无形；听却听不到，称

《道德经》新读　45

作无声；摸却摸不到，称作无迹。这三者的形状无从追究，它们原本就浑然一体。

古来凡得到道的：天得到道就可以清明，地得到道就可以安宁，神得到道就可以灵验，河谷得到道就可以充盈，万物得到道就可以生长，侯王得到道就可以使天下安定。

照此推言之，天不能保持清明，恐怕要崩裂；地不能保持安宁，恐怕要塌陷；神不能保持灵验，恐怕要消失；河谷不能保持充盈，恐怕要枯竭；万物不能保持生长，恐怕要灭绝；侯王不能保持治理天下的法则，恐怕要亡国。因此，圣人坚守一作为天下的楷模。

第三十四章

【新读】

上士闻道①，勤而行之；中士闻道，若存若亡；下士闻道，大笑之。不笑不足以为道。

故建言有之：明道若昧，进道若退，夷道若纇，上德若谷，广德若不足，建德若偷②，质真若渝③。

故从事于道者，同于道；德者，同于德；失者，同于失。同于道者，道亦乐得之；同于德者，德亦乐得之；同于失者，失亦乐得之。

【注释】

①道：指无名之朴。
②偷：不厚道。
③渝：《说文》曰："变污也。"浑浊。

【译文】

上士听了道，努力去实行；中士听了道，好像存在、好像没有；下士听了道，哈哈大笑。不被嘲笑，那就不足以成为道了。

所以古时立言的人说过这样的话：光明的道好像暗昧，前进的道好像后退，平坦的道好像崎岖，崇高的德好像山谷，广大的德好像不足，刚健的德好像不厚道的样子，质朴而纯真好像浑浊一样。

《道德经》新读　47

所以，做事向道的人，跟随于道；做事向德的人，跟随于德；做事向失的人，跟随于失。跟随于道的人，道也正好跟随；跟随于德的人，德也正好跟随；跟随于失的人，失也正好跟随。

第三十五章

【新读】

道生一①，一生二②，二生三③，三生万物。

万物负阴而抱阳，冲气以为和④。

【注释】

①道生一：道产生于浑然一体的东西。道，指世界的本体。

②二：指天地。

③三：指阳气、阴气、和气。

④和：和谐的状态。

【译文】

道产生于浑然一体的东西，一产生天地，天地生阳气、阴气、以及阳气和阴气互相交冲形成的和气，阳、阴、和三气产生万物。

万物背阴抱阳，阴阳二气互相交合形成和谐的状态。

第三十六章

【新读】
　　名与身孰亲？身与货孰多①？得与亡孰病②？
　　甚爱必大费；多藏必厚亡。
　　夫亦将知止，知止可以不殆。
　　知止不殆，可以长久。没身不殆。

【注释】
　　①多：重要。
　　②病：有害。

【译文】
　　名誉和生命相比哪一样更值得亲近？生命和财富比起来哪一样更重要？获取和丢失相比哪一个更有害？
　　极端的喜爱名利必定付出的代价更多；过多的积敛财富必定损失更重。
　　知道适可而止，适可而止可以避免危险。
　　适可而止可避免危险，可以长久。那么终身都不会有危险。

第三十七章

【新读】

大成若缺，其用不弊。大盈若冲①，其用不穷。

大直若屈，大巧若拙，大辩若讷，大赢若绌。

大白若辱②，大方无隅，大器③晚成，大音希声，大象无形。

【注释】

①冲：通"盅"，空虚。

②辱：污黑。

③器：才干。

【译文】

　　最完满的东西好像有残缺一样，它的作用没有弊端。最充盈的东西好像是空虚的一样，它的作用是不会穷尽的。

　　最正直的东西好像弯曲一样，最灵巧的东西好像笨拙一样，最卓越的辩才好像口讷一样，最大的赢利好像亏本一样。

　　最洁白的东西好像污黑一样，最方正的东西好像没有棱角，最高的才干最后才修成，最大的声响听来好像无声无息，最大的形象好像没有形状。

第三十八章

【新读】
　　天下有道①，却②走马以粪。天下无道，戎马生于郊。
　　祸莫大于不知足，咎莫大于欲得。
　　故知足之足，常足矣。故知足不辱。

【注释】
　　①道：指无名之朴。
　　②却：退还。

【译文】
　　天下安定，把战马退还给百姓用来耕种。天下战乱，征用的母马在战场的郊外生下马驹。
　　没有什么祸患比不知足更大的了，没有什么灾难比贪得无厌更大的了。
　　所以，知道如何达到满足的满足，才会永远满足。所以，知足可避免侮辱。

第三十九章

【新读】

不出户,知天下;不窥牖①,见天道。其出弥②远,其知弥少。

前识者③,道之华④,而愚之始。是以大丈夫处其厚,不居其薄;处其实,不居其华。故去彼取此。

【注释】

①牖:窗户。
②弥:愈。
③前识者:毫无根据的胡乱猜测的人。
④道之华:从道的角度来看是虚伪的、用来迷惑人的。道,指无名之朴。华,古同"花",虚伪的、用来迷惑人的。

【译文】

不出门户,就能够推知天下事世;不望窗外,就可以知道自然的规律。向外追逐得愈远,所知道的道理就愈少。

毫无根据的胡乱猜测,从道的角度来看是虚伪的,是愚蠢的开始。因此,大丈夫立身敦厚,不立身浅薄;立身笃实,不立身虚伪。所以,抛弃浅薄和虚伪,立身敦厚和笃实。

第四十章

【新读】

为学①日益,为道②日损。损之又损,以至于无为③。无为而无不为。

吾是以知无为之有益。不言④之教,无为之益,天下希及之。

是以圣人处无为之事,行不言之教。

【注释】

①为学:学习圣智仁义礼的学问。
②道:指无名之朴。
③无为:不以主观的意识为做事的标准。
④言:学说。

【译文】

学习圣智仁义礼的学问,主观的意识一天比一天增加;追求道,主观的意识一天比一天减少。减少而又减少,一直达到不以主观的意识为做事的标准。

做到无为就没有什么事情不可以有作为。

我因此认识到无为的好处。没有学说的教诲,无为的益处,天下很少有人能达到。

因此,圣人用无为的方式处事,实行没有学说的教诲。

第四十一章

【新读】

善者，吾善之；不善者，吾亦善之；德①善。
信者，吾信之；不信者，吾亦信之；德信。
故善人者，不善人之师；不善人者，善人之资②。不贵其师，不爱其资，虽智大迷，是谓要妙。

【注释】

①德：通"得"，获得。
②资：借鉴。

【译文】

善良的人，我善待他；不善良的人，我也善待他，就得到善良了。
守信的人，我信任他；不守信的人，我也信任他，就得到诚信了。
善人可以作为不善人的学习榜样，不善的人可以作为善人的借鉴。不尊重自己的学习榜样，不爱惜自己的借鉴，虽然聪明，其实是大大的糊涂，这就是精深微妙的道理。

第四十二章

【新读】

　　出生入死。生之徒，十有三；死之徒，十有三；人之生，动之于死地，亦十有三。夫何故？以其生生之厚，益生曰祥①。夫唯无以生为者，是贤于贵生。

　　盖闻善摄生②者，毒虫不螫，猛兽不据，攫鸟不搏。陆行不遇兕虎，入军不被甲兵，兕无所投其角，虎无所用其爪，兵无所容其刃。夫何故？以其无死地。

【注释】

　　①祥：原来是个中性词，包括吉与凶；这里指不祥的意思。
　　②摄生：保养生命。

【译文】

　　人出生于世就生，最终入于地就死。那些长寿的人，占有十分之三；那些短命而亡的人，占有十分之三；本来可以活得长久些，却自己走向死亡的人，也占十分之三。为什么会这样呢？因为滋养生命太过度了，人为地补益生命叫作灾殃。只有不以滋养生命作为的人，才比过分重视滋养的人高明。

　　据说，善于养护自己生命的人，毒虫不刺伤，猛兽不扑咬，凶恶的鸟不啄击。在陆地上行走，不会遇到凶恶的犀牛和猛虎，在战争中不会遭受到武器的伤害，犀牛没有办法用它的角顶撞，老虎没有办法用它的爪去抓，武器没有办法用它的刃去刺。为什么会这样呢？因为他没有进入死亡的领域。

第四十三章

【新读】

道①者万物之奥。

道生之,德②畜之,物形之,势成之,是以万物莫不尊道而贵德。道之尊,德之贵,夫莫之命而常自然。

故道生之,德畜之;长之育之;亭之毒之;养之覆③之。

夫唯道,善贷且成。

【注释】

①道:指世界的本体。

②德:指"玄德"。衣养万物而不为主,可名于小;万物归焉而不为主,可名为大。知此两者亦稽式。常知稽式,是谓"玄德"。

③覆:保护。

【译文】

道是万物的主宰。

道生长万物,德养育万物,物品的本性发展成各种的形态,环境使万物成长起来,因此,万物没有不尊崇道而珍贵德的。道之所以被尊崇,德所以被珍贵,是由于道和德没有对万物发号施令而永远顺应自然。

因而,道生长万物,德养育万物,使万物生长发展,使万物成熟结果,养育和保护万物。

只有道,善于帮助而且成就万物。

第四十四章

【新读】
　　执大象①，天下往②。往而不害，安平泰。
　　譬道③之在天下，犹川谷之于江海。
　　使我介④然有知，行于大道，唯施是畏。
　　大道甚夷⑤，而人好径。朝甚除，田甚芜，仓甚虚；服文采，带利剑，厌饮食，财货有余，其在道也，曰："余食赘行。"是为盗夸⑥。非道也哉！

【注释】
　　①大象：《泰卦·象传》曰："后以裁成天地之道，辅相天地之宜，以左右民。"译为：君主观此卦象就要掌握时机，善于裁节调理自然规律，促成天地万物成长，护佑天下百姓，使他们安居乐业。大，古同"泰"。
　　②往：归附。
　　③道：指无名之朴。
　　④介：稍微。
　　⑤夷：平坦，形容很好推行实施。
　　⑥盗夸：大盗。

【译文】
　　谁执行《泰卦·象传》所说的大道，天下的百姓就都会归附他。归附后也不会互相妨害，于是大家都平和而安宁。
　　打个比方，道存在于天下，就好像河流归于江海一样。

假如我稍微有了认识,推行大道,唯一担心的是害怕走了邪路。

　　大道很容易实施,但侯王却喜欢走邪路。朝堂修整越华丽,田地越荒芜,仓库越空虚;穿戴锦绣的衣冠,佩带锋利的宝剑,饱食丰盛的宴席,钱财剩余很多,从道的角度看,只能说是剩饭赘瘤。这叫作大盗。真是无道啊!

第四十五章

【原文】

善建①者不拔,善抱者不脱②,子孙以祭祀不辍③。

修之于身,其德乃真;修之于家,其德乃余;修之于乡,其德乃长;修之于邦,其德乃丰;修之于天下,其德乃普。

故以身观身,以家观家,以乡观乡,以邦观邦,以天下观天下。吾何以知天下然哉?以此。

【注释】

①建:建树。
②脱:失去。
③不辍:不断绝。

【译文】

善于建树的人不可能拔除,善于抱持的人不会失去,子孙可以世代祭祀祖先不断绝。

把这个准则实践于自身,他的德就会纯真;把这个准则实践于自家,他的德就会丰盈有余;把这个准则实践于自乡,他的德就会受到尊崇;把这个准则实践于自邦,他的德就会丰硕;把这个准则实践于天下,他的德就会遍及天下。

所以要用修身的原则来观察个人,用齐家的原则来观察别家,用理乡的原则来观察全乡,用治国的原则来观察全国,用平天下的原则来观察天下。我怎么会知道天下的情况是这样的呢?是因为我用了以上的方法。

第四十六章

【新读】

含德①之厚,比于赤子②。

骨弱筋柔而握固。未知牝牡之合而朘作③,精之至也。终日号而不嗄④,和之至也。知和曰常⑤,知常曰明。不知常,妄作凶。心使气⑥曰强。用其光,复归其明,无遗身殃,是为袭常。

【注释】

①德:人类共同生活及其行为的准则、规范。
②赤子:初生的婴儿。
③朘作:婴孩的生殖器勃起。朘,小男孩的生殖器。
④嗄:嗓音嘶哑。
⑤常:规律。
⑥气:指精神状态,情绪。

【译文】

德涵养浑厚的人,就好比初生的婴孩。

婴孩筋骨柔弱,拳头却握得很牢固。虽然不知道男女的交合之事,但小生殖器却能勃起,这是因为精气充沛的缘故。整天啼哭,但嗓子不会沙哑,这是因为平和无欲的缘故。知道平和无欲就可以懂得规律,知道规律就能明智。不知道规律,就会轻举妄动干出凶险的事。欲念促使情绪叫作逞强。运用智慧的光芒,回归明智,不会给自己带来灾难,就能沿袭规律。

第四十七章

【新读】

　　信言不美，美言不信。善者不辩，辩者不善。知者不博，博者不知。知者不言，言者不知。

　　是以圣人自知不自见，自爱不自贵。故去彼取此。

　　是以圣人方而不割①，廉而不刿②，直而不肆，光③而不耀。

　　故不可得而亲，不可得而疏；不可得而利，不可得而害；不可得而贵，不可得而贱。

【注释】

　　①不割：割，损害。
　　②不刿：宽厚。刿，刺伤。
　　③光：荣耀。

【译文】

　　真实的话语不漂亮，漂亮的话语不真实。善良的人不巧辩，巧辩的人不善良。有学识的人未必广博，广博的人未必有学识。知道的人不言传，言传的人不知道。

　　因此圣人自己知道而不自我炫耀，自我爱护而不自显高贵。所以抛弃"自见""自贵"，采取"自知""自爱"。

　　因此，圣人正直而不区分偏袒，行为廉正而宽厚，性格直率却不放肆，有荣耀的事却不炫耀。

所以对这种人，不可能归附，即使是亲近他，不可能归附，即使是疏远他；不可能归附，即使是使获利，不可能归附，即使是使他害怕；不可能归附，即使是使他尊贵，不可能归附，即使是使他卑贱。

第四十八章

【新读】

　　为无为，事无事，味无味①。

　　其政闷闷，其民淳淳；其政察察，其民缺缺。吾何以知其然哉？以此：天下多忌讳，而民弥贫；人多利器，国家滋昏；人多伎巧，奇物滋起；法令滋彰，盗贼多有。

　　故圣人云："我无为，而民自化；我好静，而民自正②；我无事，而民自富；我无欲，而民自朴。"

　　为无为，则无不治。

【注释】

　　①味无味：以无滋味的理念去辨别滋味。前一个"味"指辨别滋味；后一个"味"指滋味。

　　②正：合乎法规的意思。

【译文】

　　以无为的思想去做事；以无事的方法去处事；以无滋味的理念去辨别滋味。

　　政治宽松，百姓就淳厚质朴；政治严苛，百姓就狡黠诡诈。我怎么知道是这种情形呢？根据就在于此：天下的禁忌越多，百姓就越陷于贫穷；人民的锐利武器越多，国家就越陷于混乱；人们的技巧越多，奇事就越兴盛；法令越是明细，盗贼就不断地增加。

所以，圣人说："我无为，百姓就自我化育；我好静，百姓的行为就合乎法规；我无事，百姓就自然富足；我无欲，百姓就自然淳朴。"

以无为的思想治理百姓，没有不大治的。

第四十九章

【原文】

治人事天,莫若啬①。

夫唯啬,是谓早服;早服谓之重积德②;重积德,则无不克;无不克,则莫知其极;莫知其极,可以有国;有国之母,可以长久,是谓深根固柢、长生久视之道③。

【注释】

①莫若啬:不如重视农耕。若,如。啬,古同"穑",耕作。
②德:通"得",获得,指收获的粮食。
③道:规律。

【译文】

为了治理百姓而去侍奉乞求天地,不如重视农耕。

有了重视农耕的观念,可以称为及早准备。及早准备就要重视蓄积收获的粮食;重视蓄积收获的粮食就没什么灾荒不能克服;没什么灾荒不能克服,就没有人知道他的极限;没有人知道他的极限,能凭借此担负国家的职责;担负国家的职责的源头,可以长久,称为根深柢固、长生永久的规律。

第五十章

【原文】

　　大邦者下流①，天下之牝，天下之交也。牝常以静胜牡，以静为下②。

　　故大邦以下小邦，则取小邦；小邦以下大邦，则取大邦。故或下以取，或下而取。大邦不过欲兼畜③人，小邦不过欲入事④人，夫两者各得所欲，大者宜为下。

【注释】

　　①下流：处于河流的下游，指江海。
　　②下：谦下。
　　③兼畜：兼并后统治。
　　④入事：依附。

【译文】

　　大国要像江河一样处于下游，处在天下雌柔的位置，那是天下万方交汇的地方。雌柔常以安静胜过雄强，是因为它处于谦下的缘故。

　　所以，大国用谦下的态度对待小国，就可以取得小国的信任和依附；小国用谦下态度对待大国，就可以取得大国的庇护。所以，有的用谦下取得归附，有的用谦下取得庇护。大国不过是想要兼并后统治小国，小国不过是想要依附大国得到庇护，双方都能满足自己的愿望，大国就更应该主动谦下。

第五十一章

【新读】

以道莅①天下，其鬼不神②；非其鬼不神也，其神不伤③人；非其神不伤人也，圣人亦不伤人。夫两不相伤，故德交归焉。

善人之宝，不善人之所保④。人之不善，何弃之有？

故立天子，置三公，虽有拱璧以先驷马，不如坐进此道。

古之所以贵此道者何？不曰："求以得，有罪以免邪？"故为天下贵。

天道无亲，常与善人。

【注释】

①莅：治理。
②神：显灵、作用。
③伤：妨碍。
④不善人之所保：不善的人之所以被爱护的原因。保，保存、爱护。

【译文】

用"道"治理天下，鬼神就不起作用。不是鬼不起作用，起作用也不伤害人。不但鬼起作用不伤害人，圣人也不会伤害人。此两者相互不妨碍，所以，他们的恩泽同时回归天下。

善良的人把它当作珍宝，不善的人也要保存它。不善的人，为什么舍弃它呢？

所以在天子即位、设置三公的时候，虽然有拱璧在先，驷马在后的献礼仪式，还不如把这个"道"进献给他。

自古以来，人们所以把"道"看得这样宝贵，不是说："求它庇护可以得到满足，犯了罪过，也可得到它的宽恕吗？"因此才被人们如此珍重。

天的规律是对任何人都没有偏爱，永远帮助善良的人。

第五十二章

【新读】

　　大小多少。

　　合抱之木，生于毫末①；九层之台，起于累土；千里之行，始于足下。

　　图②难于其易，为大于其细。天下难事，必作于易；天下大事，必作于细。

　　夫轻诺必寡信，多易必多难。

【注释】

　　①毫末：细小的萌芽。

　　②图：解决。

【译文】

　　大生于小，多起于少。

　　合抱的大树，是从细小的萌芽生长起来的；九层的高台，是从一筐筐土堆积起来的；千里的远行，是从自己脚下走出来的。

　　解决难事要从容易的地方入手，做大事要从细微的地方入手。天下的难事，一定从容易的时候发展起来的；天下的大事，一定从微细的部分形成的。

　　轻易承诺必定很少能够兑现的，把事情看得太容易势必遭受很多困难。

第五十三章

【新读】
　　其安易持，其未兆①易谋。其脆易泮②，其微易散③。为之于未有，治之于未乱。
　　民之从事，常于几④成而败之。慎终如始，则无败事。故终无难矣。

【注释】
　①未兆：没有征兆时。
　②泮：消解。
　③散：解决。
　④几：接近。

【译文】
　　形势稳定时容易维持，事故没有出现迹象时容易谋划。事物脆弱时容易消解，事物细微时容易解决。处理事情矛盾要在它尚未出现以前，治理祸乱要在它没有发生以前。
　　人们做事情，总是在接近于成功的时候失败。对待事情结局的时候，也要像对待开始时那样慎重，就不会有失败的事情。所以最终就不会有困难了。

第五十四章

【新读】

古之善为道①者,非以明民②,将以愚之③。

民之难治,以其智④多。故以智治国,国之贼⑤;不以智治国,国之福。祸兮,福之所倚;福兮,祸之所伏。孰知其极?其无正也。正复为奇,善复为妖⑥。人之迷,其日固久。

常使民无知无欲,使夫智者不敢为也。

【注释】

①道:指无名之朴。
②明民:让百姓巧诈,指贪婪的欲望产生的巧诈。
③愚之:使百姓敦厚,指恬淡安足的生活方式。
④智:巧智。
⑤贼:祸。
⑥妖:恶。

【译文】

古代善于推行道的人,不是使百姓知晓巧智,而是使百姓敦厚。

百姓难于统治,是因为他们有太多的巧智。所以,用巧智治理国家,是国家的灾祸;不用巧智治理国家,才是国家的幸福。灾祸,是幸福依傍的地方;幸福,是灾祸潜伏的地方。谁知道它们的终极?它们并没有一个标准。正可能随时转变为邪，善可能随时转变为恶。人们的迷惑不解，已经有很长的时间了。

永远使百姓没有巧智和欲望，致使巧智的人也不敢玩弄巧智。

第五十五章

【新读】

江海所以能为百谷①王者，以其善下之，故能为百谷王。

是以圣人欲上民，必以言下之；欲先民，必以身后之。

是以圣人后其身而身先，外其身而身存。

是以圣人处上而民不重②，处前而民不害③。

是以圣人为而不恃，功成而不处，其不欲见贤。

是以圣人不为大，故终能成其大。

【注释】

①百谷：顺着山谷流径的河流。

②重：负担沉重。

③害：危害。

【译文】

江海能够成为顺山谷流径的河流汇聚的地方，是因为它善于处在低下的地方，所以才能够成为顺山谷流径的河流归往的地方。

因此，圣人要统治百姓，就用谦下的言辞对待百姓；要想领导百姓，就把自己的利益放在他们的后面。

因此，圣人把自己置于百姓之后，能得到百姓的拥戴；自己置之度外，能保存自身。

因此，圣人处于百姓之上而百姓并不感到负担沉重，处于百姓之前而百姓并不感到危害。

因此，圣人有作为而不恃强，功成而不自居，没有欲望，显现他的贤能。

因此，圣人不自以为伟大，所以，最终能成就他的伟大。

第五十六章

【新读】

我有三宝,持而保之。一曰慈,二曰俭,三曰不敢为天下先。慈,故能勇;俭,故能广;不敢为天下先,故能成器①长。

今舍慈且勇,舍俭且广,舍后且先,死矣!

夫慈以战则胜,以守则固。天将救②之,以③慈卫之。

【注释】

①器:万物。
②救:帮助。
③以:用。

【译文】

我有三件法宝,掌握而保全着。一是慈爱,二是节俭,三是不敢居于天下人之先。有了慈爱,就能勇武;有了节俭,就能多余;不敢居于天下人之先,就能成为万物的首领之长。

现在舍弃慈爱而追求勇武,舍弃了节俭而追求多余,舍弃退让而求争先,结果只有走向死亡!

慈爱,用来作战能够胜利,用来防守能坚固。天要帮助谁,就用慈爱来保护他。

第五十七章

【新读】

善为士①者,不武;善战者,不怒;善胜敌者,不与②;善用人者,为之下③。

是谓不争之德,是谓用人之力,是谓配④天,古之极⑤也。

夫唯不争,故天下莫能与之争。故无尤。

【注释】

①士:军人。
②不与:不与敌人厮杀。
③为之下:对人态度谦下。
④配:符合。
⑤极:准则。

【译文】

善于作战的军人,不逞其勇武;善于打仗的人,不轻易被敌人激怒;善于胜敌的人,不与敌人正面厮杀;善于用人的人,对人态度谦下。

可以称为不争的品德,称为用人的能力,是符合自然的规律,是古代的准则。

正因为不争,所以天下没有谁能与他争。所以没有过失。

第五十八章

【原文】

　　用兵有言①："吾不敢为主②，而为客③；不敢进寸，而退尺。"是谓行无行④，攘无臂⑤，扔无敌⑥，执无兵⑦。
　　祸莫大于轻敌，轻敌几丧吾宝。
　　故抗兵相若⑧，哀者⑨胜矣。

【注释】

①有言：有这样的说法。
②为主：主动进攻，侵略。
③为客：采取守势。
④行无行：摆阵势，像没有阵势可摆一样。第一个"行"，动词，摆阵势的意思；第二个"行"，名词，行列、阵势。
⑤攘无臂：要奋臂，像没有臂膀可举一样。
⑥扔无敌：面临敌人，像没有敌人可攻击一样。
⑦执无兵：虽然有兵器，却像没有兵器可拿一样。兵，兵器。
⑧抗兵相若：两军力量相当。
⑨哀者：悲哀的一方，指受攻击，受侵略的一方。

【译文】

　　用兵打仗有这样的说法："我不敢采取主动攻势，而采取守势；不敢前进一步，而宁可后退一尺。"这就是说，虽然有阵势却像没有阵势可摆一样，虽然要奋臂却像没有臂膀可举一样，虽然面临敌人却像没有敌人可打一样，虽然有兵器却像没有兵器可以执握一样。

没有比低估敌人更大的祸患了，低估敌人几乎丧失了我的法宝。

所以，对抗的两军战斗力相当时，受侵略的悲哀一方可以获得胜利。

第五十九章

【新读】

天下皆谓我："道①大，似不肖②。"夫唯大，故似不肖。若肖，久矣其细也夫！

美言可以市尊，美行可以加人。

吾言甚易知，甚易行。天下莫能知，莫能行。

言有宗③，事有君④。夫唯无知，是以不我知。

知我者希⑤，则我者贵。是以圣人被褐⑥而怀玉。

【注释】

①道：指世界的本体。

②肖：像。

③宗：主旨。

④君：准则。

⑤希：同"稀"，稀有。

⑥被褐：穿着粗布衣服。被，通"披"，穿着。褐，粗布衣。

【译文】

天下的人都对我说："'道'广大，不像任何具体事物的样子。"正因为它广大，所以才不像任何具体的事物。如果它像任何一个具体的事物，早就渺小得很了。

美好的言辞可以博取人们对你的尊重，良好的行为可以受到人们对你的器重。

我的话很容易理解，也很容易施行。但天下的人没有谁能理解，没有谁能施行。

言论有主旨，行事有准则。正因为天下的人们不理解这个道理，因此才不理解我。

能理解我的人很少，那么能取法于我的人就更难能可贵了。因此，圣人只能穿着粗布衣服而胸怀美玉。

第六十章

【原文】

知不知①,尚矣;不知知②,病③也。

圣人不病,以其病病。夫唯病病,是以不病?

【注释】

①知不知:知道却自认为没有完全知道。

②不知知:不知道却装作知道。

③病:缺点。

【译文】

知道却自认为没有完全知道是最好的;不知道却装作知道就是缺点。

圣人没有缺点,是因为他把缺点当作缺点。正因为他把缺点当作缺点,所以就没有缺点。

第六十一章

【新读】

民不畏威，则大威至。

民之饥，以其上食税之多，是以饥。民之难治，以其上之有为，是以难治。民之轻死，以其上求生之厚，是以轻死。

无狎①其所居，无厌②其所生。

是以天下乐推而不厌③。夫唯不厌，是以不厌。

【注释】

①无狎：不要逼迫。狎，通"狭"，逼迫。

②厌：通"压"，压迫。

③厌：厌恶。

【译文】

当百姓不畏惧暴力时，统治者就用更大的暴力施加于百姓。

百姓之所以饥饿，就是由于统治者征收赋税太多，因此饥饿。百姓之所以难于统治，是由于统治者以主观的爱憎为政令，因此难于统治。百姓之所以冒死反抗，是由于统治者为了奉养自己，把民脂民膏都搜刮净了，因此百姓才冒死反抗。

不要逼迫百姓不得安居，不要压迫百姓谋生的道路。

天下的百姓都乐意拥戴而不感到厌恶。只有不压迫百姓，因此，百姓就不会厌恶统治者。

第六十二章

【原文】

勇于敢①则杀,勇于不敢则活。此两者,或利或害。天之所恶,孰知其故?是以圣人犹难之。

天之道,不争而善胜,不言而善应,不召而自来,繟然②而善谋。

天网恢恢,疏而不失。

【注释】

①敢:逞强。
②繟然:舒缓。

【译文】

勇于逞强就会有损伤,勇于谦让就会保全。这两种结果,有的得利,有的受害。天所厌恶的,谁知道是什么缘故?圣人也难以解说清楚。

天的规律是:不争夺而善于取胜,不言语而善于应承,不召唤而自动到来,舒展缓慢而善于安排筹划。

天的范围,宽广无边,虽然稀疏但不漏失。

第六十三章

【新读】

民不畏死,奈何以死惧之?

若使民常畏死,而为奇①者,吾②得执而杀之,孰敢?

常有司杀者杀。

夫代司杀者杀,是谓代大匠斫③。夫代大匠斫者,希有不伤其手矣。

鱼不可脱于渊,国之利器不可以示④人。

【注释】

①奇:出人意料的,指为非作歹。

②吾:指代司杀者。

③斫:砍。

④示:显示,引申为被人窥视和掌握利用。

【译文】

百姓不畏惧死亡,为什么用死来吓唬他们呢?

如果能使百姓畏惧死亡,是为非作歹的人,我就把他抓来杀掉,谁还为非作歹?

有专管刑杀的人负责杀人的任务。

代替专管刑杀的人去杀人,就如同代替木匠去砍木头。代替木匠砍木头的人,很少有不砍伤自己手指头的。

鱼的生存不可以脱离深水,生杀权力是国家的锐利武器,不可以被人窥视和掌握利用。

第六十四章

【新读】
　　人之生也柔弱，其死也坚强；草木之生也柔脆，其死也枯槁。故坚强者死之徒①，柔弱者生之徒。
　　是以兵强则灭，木强则折②。强大处下，柔弱处上。
　　弱者，道之用。物壮则老，是谓不道，不道早已。
　　人之所教，我亦教之："强梁者③不得其死。"吾将以为教父。

【注释】
　　①徒：类型。
　　②折：砍伐。
　　③强梁者：强横凶暴的人。

【译文】
　　人活着的时候身体是柔软的，死后身体就变得僵硬；草木生长时是柔脆的，死了以后就变得干硬枯槁了。因此，坚强的东西属于死亡的一类，柔弱的东西属于生长的一类。
　　因此，用兵逞强就会遭到败亡，树木强壮就会遭到砍伐。凡是强大者处于下位，凡是柔弱者居于上位。
　　柔弱是道的作用。事物发展到强盛就会死去，称为不符合规律，不符合规律就会很快消亡。

人们教导人的话，我也用来教导人："强横凶暴的人不得好死。"我要把这句话作为教人的头一条。

第六十五章

【新读】

　　天地相合，以降甘露①，民莫之令而自均。

　　天之道，其犹张弓欤？高者抑之，下者举之；有余者损之，不足者补之。

　　天之道，损有余而补不足；人之道②则不然，损不足以奉有余。

　　孰能有余以奉天下，唯有道③者。

【注释】

　　①甘露：雨水。
　　②人之道：人类社会的现实规则。
　　③道：指无名之朴。

【译文】

　　天地之间的阴阳气体相冲合就降下甘露，百姓没有谁命令它却能自然均匀。

　　天的规律不是很像张弓射箭吗？弦拉高了就把它压低一些，弦拉低了就把它举高一些，用力拉得过满了就把它放松，用力拉得不够了就把它补足。

　　天的规律是减少有余的弥补不足的；可是社会的法则却不是这样，要减少不足的，来供奉有余的。

　　谁能够减少有余的，以弥补天下不足的呢？只有得道的人才可以做到。

第六十六章

【新读】

　　天下莫柔弱于水，而攻坚强者莫之能胜，以其无以易①之。天下之至柔，驰骋②天下之至坚，无有入无间③，柔弱胜刚强。

　　弱之胜强，柔之胜刚，天下莫能知，莫能行。

【注释】

　　①易：取代。
　　②驰骋：穿行自如。
　　③无有入无间：无形的力量能够穿透没有间隙的东西。

【译文】

　　万物没有什么东西比水更柔弱的，而攻坚克强却没有什么东西可以胜过水的，没有任何东西可以取代水了。天下最柔弱的东西，穿行自如于最坚硬的东西中，无形的力量可以穿透没有间隙的东西。柔弱胜过刚强。

　　弱胜过强，柔胜过刚，天下没有人知道，没有人能够实行。

第六十七章

【新读】
　　和大怨①，必有余怨，安可以为善？报怨以德。
　　是以圣人执左契，而不责②于人。有德司契，无德司彻③。

【注释】
　　①和大怨：和解积深的怨恨。和，和解。
　　②责：讨债。
　　③彻：周朝的一种税收法。

【译文】
　　和解积深的怨恨，必定还会有残留的怨恨，这怎么可以算是妥善的办法呢？用德来报答怨恨。
　　因此，圣人保存借据的合同，但并不以此强迫别人偿还债务。有"德"的人就像持有借据的圣人那样宽容，没有"德"的人就像掌管税收的人那样苛刻。

第六十八章

【新读】

小国寡民①。使有什伯之器②而不用；使民重死而不远徙。虽有舟舆③，无所乘之，虽有甲兵，无所陈④之。使民复结绳⑤而用之。

甘其食，美其服，安其居，乐其俗，乐与饵，过客止。

邻国相望，鸡犬之声相闻，民至老死不相往来。

【注释】

①小国寡民：使国家变小，使百姓少。
②什伯之器：各种各样的器具。什伯，多种多样。
③舆：车子。
④陈：同"阵"，摆列阵势，形容打仗。
⑤结绳：指没有文字之前，人们用结绳记事。

【译文】

使国家小，使百姓稀少。即使有各种各样的器具，却并不使用；使百姓重视死亡而不向远方迁徙；虽然有船只车辆，却没有使用的必要；虽然有军队士兵，却没有摆列阵势的必要。使百姓还原到远古结绳记事的状态之中。

使百姓吃着香甜饮食，穿着漂亮的衣服，居住得安好舒适，喜欢自己的风俗习惯，音乐和美食，能使过客停留。

邻国之间互相望得见，鸡犬的叫声都可以听得见，百姓从生到死，也不互相往来。

第归集一章

【新读】

人之所恶①，唯孤、寡、不谷，而侯王以自称。

故贵以贱为本，高以下为基。是以侯王自称孤、寡、不谷。此非以贱为本邪？非乎？故至誉无誉②。是故不欲琭琭③如玉，珞珞④如石。

夫物或行或随；或嘘或吹；或强或羸；或载或隳。故物或损之而益，或益之而损。

是以圣人云："受国之垢，是谓社稷主；受国不祥⑤，是为天下王。"正言若反。

【注释】

①恶：讨厌。
②至誉无誉：最高的赞誉无须赞美。
③琭琭：形容玉的华美。
④珞珞：形容石块的坚实。
⑤祥：原来是个中性词，包括吉与凶，这里指灾祸的意思。

【译文】

人们最讨厌的就是"孤""寡""不谷"，但王公却用这些字来称呼自己。

所以，贵以贱为根本，高以下为基础。因此侯王们自称为"孤""寡""不谷"，这不就是以贱为根本吗？不是吗？所以最高的荣誉无须赞美称誉。不要求像宝玉一样，而宁愿像石块一样坚实。

事物，有的主动，有的被动；有的缓，有的急；有的优越，有的低劣；有的安稳，有的危险。所以，事物有的减损它反而得到增加，有的增加它反而得到减损。

所以，圣人说："承担全国的屈辱，才能成为国家的君主；承担全国的祸灾，才能成为天下的君王。"正面的话好像在反说一样。

附录

第一章

【原文】

（道可道，非常道；名可名，非常名。）①

（天下万物生于有，有生于无。）②

无，名天地之始；有，名万物之母。

故常无，欲以观其妙；常有，欲以观其徼。此两者，同出而异名，同谓之玄。玄之又玄，众妙之门。

（执古之道，以御今之有。能知古始，是谓道纪。）③

【注释】

①此句为《第二十五章》错简于此，此处当删。

②此句原在《第四十章》，为本章错简，应移于此处。

③此句原在《第十四章》，为本章错简，应移于此处。

【新读】

天下万物生于有，有生于无。

无，名天地之始；有，名万物之母。

故常无，欲以观其妙；常有，欲以观其徼。此两者，同出而异名，同谓之玄。玄之又玄，众妙之门。

执古之道，以御今之有。能知古始，是谓道纪。

第二章

【原文】

　　天下皆知美之为美，斯恶矣；皆知善之为善，斯不善矣。

　　有无相生，难易相成，长短相形，高下相倾，音声相和，前后相随，恒也。

　　（是以圣人处无为之事，行不言之教。）①

　　（万物作而不辞，生而不有，为而不恃。）②

　　（功成而弗居。夫唯弗居，是以不去。）③

【注释】

　　①此句与本文义无关，为《第四十八章》错简于此，此处当删。
　　②此句与本文义无关，为《第三十四章》错简于此，此处当删。
　　③此句与本文义无关，为《第三十四章》错简于此，此处当删。

【新读】

　　天下皆知美之为美，斯恶矣；皆知善之为善，斯不善矣。

　　有无相生，难易相成，长短相形，高下相倾，音声相和，前后相随，恒也。

第三章

【原文】

不尚贤，使民不争；不贵难得之货，使民不为盗；不见可欲，使民心不乱。

（塞其兑，闭其门，终身不勤；开其兑，济其事，终身不救。）①

（是以圣人之治，虚其心，实其腹，弱其志，强其骨。）②

（致虚极，守静笃。）③

（常使民无知无欲，使夫智者不敢为也。）④

（为无为，则无不治。）⑤

【注释】

①此句原在《第五十二章》，为本章错简，应移于此处。
②此句与本文义无关，为《第十二章》错简于此，此处当删。
③此句原在《第十六章》，为本章错简，应移于此处。
④此句与本文义无关，为《第六十五章》错简于此，此处当删。
⑤此句与本文义无关，为《第五十七章》错简于此，此处当删。

【新读】

不尚贤，使民不争；不贵难得之货，使民不为盗；不见可欲，使民心不乱。

塞其兑，闭其门，终身不勤；开其兑，济其事，终身不救。

致虚极，守静笃。

第四章

【原文】

（道冲而用之或不盈。渊兮，似万物之宗。）①
（挫其锐，解其纷，和其光，同其尘。）②
（湛兮，似或存。）③
（吾不知谁之子，象帝之先。）④

【注释】

①此句与本文义无关，为《第二十一章》错简于此，此处当删。
②此句与本文义无关，为《第二十二章》错简重出，此处当删。
③此句与本文义无关，为《第二十一章》错简于此，此处当删。
④此句与本文义无关，为《第二十五章》错简于此，此处当删。

第五章

【原文】

（天地不仁，以万物为刍狗；圣人不仁，以百姓为刍狗。）①

（天地之间，其犹橐籥乎？虚而不屈，动而愈出。）②

（多言数穷，不如守中。）③

【注释】

①此句为《第七章》错简于此，此处当删。
②此句为《第六章》错简于此，此处当删。
③此句为《第二十三章》错简于此，此处当删。

第六章

【原文】

谷神不死，是谓玄牝。玄牝之门，是谓天地根。（天地之间，其犹橐籥乎？虚而不屈，动而愈出。）①
绵绵若存，用之不勤。

【注释】

①此句原在《第五章》，为本章错简，应移于此处。

【新读】

谷神不死，是谓玄牝。玄牝之门，是谓天地根。
天地之间，其犹橐籥乎？虚而不屈，动而愈出。
绵绵若存，用之不勤。

第七章

【原文】

（天地不仁，以万物为刍狗；圣人不仁，以百姓为刍狗。）①

天长地久。天地所以能长且久者，以其不自生，故能长生。

（圣人不积，既以为人，己愈有；既以与人，己愈多。）②

（是以圣人后其身而身先，外其身而身存。）③以其无私，故能成其私。

（天之道，利而不害；圣人之道，为而不争。）④

【注释】

①此句原在《第五章》，为本章错简，应移于此处。
②此句原在《第八十一章》，为本章错简，应移于此处。
③此句与本文义无关，为《第六十六章》错简于此，此处当删。
④此句原在《第八十一章》，为本章错简，应移于此处。

【新读】

天地不仁，以万物为刍狗；圣人不仁，以百姓为刍狗。
天长地久。天地所以能长且久者，以其不自生，故能长生。
圣人不积，既以为人，己愈有；既以与人，己愈多。以其无私，故能成其私。
天之道，利而不害；圣人之道，为而不争。

第八章

【原文】

　　上善若水。水善利万物而不争，处众人之所恶，故几于道。

　　居善地，心善渊，与善仁，言善信，政善治，事善能，动善时。

　　（夫唯不争，故无尤。）[①]

【注释】

①此句与本文义无关，为《第六十八章》错简于此，此处当删。

【新读】

　　上善若水。水善利万物而不争，处众人之所恶，故几于道。

　　居善地，心善渊，与善仁，言善信，政善治，事善能，动善时。

第九章

【原文】

持而盈之,不如其已;揣而锐之,不可长保。
金玉满堂,莫之能守;富贵而骄,自遗其咎。
功成身退,天之道也。

第十章

【原文】

载营魄抱一,能无离乎?专气致柔,能如婴儿乎?
涤除玄鉴,能无疵乎?爱民治国,能无为乎?
天门开阖,能为雌乎?明白四达,能无知乎?
(生之畜之。)①
(生而不有,为而不恃。)②
(长而不宰。)③
(是谓"玄德"。)④

【注释】

①此句与本文义无关,为《第五十一章》错简重出,此处当删。
②此句与本文义无关,为《第三十四章》错简重出,此处当删。
③此句与本文义无关,为《第三十四章》错简于此,此处当删。
④此句与本文义无关,为《第三十四章》错简重出,此处当删。

【新读】

载营魄抱一,能无离乎?专气致柔,能如婴儿乎?
涤除玄鉴,能无疵乎?爱民治国,能无为乎?
天门开阖,能为雌乎?明白四达,能无知乎?

第十一章

【原文】

三十辐共一毂，当其无，有车之用。
埏埴以为器，当其无，有器之用。
凿户牖以为室，当其无，有室之用。
故有之以为利，无之以为用。

第十二章

【原文】

　　五色令人目盲；五音令人耳聋；五味令人口爽；驰骋畋猎令人心发狂；难得之货令人行妨。

　　（圣人在天下，歙歙焉，为天下浑其心。）①

　　（圣人常无心，以百姓心为心。）②（百姓皆注其耳目，圣人皆孩之。）③

　　（是以圣人欲不欲，不贵难得之货；学不学，复众人之所过。）④

　　（是以圣人之治，虚其心，实其腹，弱其志，强其骨。）⑤

　　是以圣人为腹不为目，故去彼取此。

【注释】

　　①此句原在《第四十九章》，为本章错简，应移于此处。
　　②此句原在《第四十九章》，为本章错简，应移于此处。
　　③此句原在《第四十九章》，为本章错简，应移于此处。
　　④此句原在《第六十四章》，为本章错简，应移于此处。
　　⑤此句原在《第三章》，为本章错简，应移于此处。

【新读】

　　五色令人目盲；五音令人耳聋；五味令人口爽；驰骋畋猎令人心发狂；难得之货令人行妨。

　　圣人在天下，歙歙焉，为天下浑其心。

　　圣人常无心，以百姓心为心。百姓皆注其耳目，圣人皆孩之。

是以圣人欲不欲，不贵难得之货；学不学，复众人之所过。
是以圣人之治，虚其心，实其腹，弱其志，强其骨。
是以圣人为腹不为目，故去彼取此。

第十三章

【原文】

宠辱若惊,贵大患若身。

何谓宠辱若惊?宠为上,辱为下;得之若惊,失之若惊,是谓宠辱若惊。

何谓贵大患若身?吾所以有大患者,为吾有身;及吾无身,吾有何患?

故贵以身为天下,若可寄天下;爱以身为天下,若可托天下。

第十四章

【原文】

（视之不见，名曰夷；听之不闻，名曰希；搏之不得，名曰微。此三者不可致诘，故混而为一。）①

（其上不皦，其下不昧。绳绳兮不可名。）②

（复归于无物。）③

（是谓无状之状，无物之象，是谓惚恍。）④

（迎之不见其首，随之不见其后。）⑤

（执古之道，以御今之有。能知古始，是谓道纪。）⑥

【注释】

①此句为《第三十九章》错简于此，此处当删。
②此句为《第二十五章》错简于此，此处当删。
③此句为《第十六章》错简于此，此处当删。
④此句为《第二十一章》错简于此，此处当删。
⑤此句为《第二十五章》错简于此，此处当删。
⑥此句为《第一章》错简于此，此处当删。

第十五章

【原文】

（孔德之容，惟道是从。）①

古之善为道者，微妙玄通，深不可识。

夫唯不可识，故强为之容：豫兮，若冬涉川；犹兮，若畏四邻；俨兮，其若客；涣兮，其若凌释；敦兮，其若朴；旷兮，其若谷；混兮，其若浊；（澹兮，其若海；飂兮，若无止。）②

孰能浊以静之徐清？孰能安以动之徐生？

（保此道者，不欲盈。夫唯不盈，故能蔽而新成。）③

【注释】

①此句原在《第二十一章》，为本章错简，应移于此处。
②此句原在《第二十章》，为本章错简，应移于此处。
③此句与本文义无关，为《第二十二章》错简于此，此处当删。

【新读】

孔德之容，惟道是从。

古之善为道者，微妙玄通，深不可识。

夫唯不可识，故强为之容：豫兮，若冬涉川；犹兮，若畏四邻；俨兮，其若客；涣兮，其若凌释；敦兮，其若朴；旷兮，其若谷；混兮，其若浊；澹兮，其若海；飂兮，若无止。

孰能浊以静之徐清？孰能安以动之徐生？

第十六章

【原文】

（天下有始，以为天下母。既得其母，以知其子；既知其子，复守其母。）①

（致虚极，守静笃。）②

万物并作，吾以观复，（复归于无物。）③

夫物芸芸，各归其根。归根曰静，静曰复命，复命曰常。（知常曰明。）④（不知常，妄作凶。）⑤知常容，容乃公，公乃全，全乃天，天乃道，道乃久。（没身不殆。）⑥

【注释】

①此句原在《第五十二章》，为本章错简，应移于此处。
②此句与本文义无关，为《第三章》错简于此，此处当删。
③此句原在《第十四章》，为本章错简，应移于此处。
④此句与本文义无关，为《第五十五章》错简重出，此处当删。
⑤此句与本文义无关，为《第五十五章》错简于此，此处当删。
⑥此句与本文义无关，为《第四十四章》错简，此处当删。

【新读】

天下有始，以为天下母。既得其母，以知其子；既知其子，复守其母。

万物并作，吾以观复，复归于无物。

夫物芸芸，各复归其根。归根曰静，静曰复命，复命曰常。知常容，容乃公，公乃全，全乃天，天乃道，道乃久。

第十七章

【原文】

　　太上，不知有之；其次，亲而誉之；其次，畏之；其次，侮之。

　　信不足焉，有不信焉。

　　（悠兮，其贵言。功成事遂，百姓皆谓"我自然"。）①

【注释】

①此句与本文义无关，为《第二十三章》错简于此，此处当删。

【新读】

　　太上，不知有之；其次，亲而誉之；其次，畏之；其次，侮之。

　　信不足焉，有不信焉。

第十八章

【原文】

　　大道废，有仁义；智慧出，有大伪；六亲不和，有孝慈；国家昏乱，有忠臣。

第十九章

【原文】
　　绝圣弃智，民利百倍；绝仁弃义，民复孝慈；绝巧弃利，盗贼无有。此三者以为文不足。
　　故令有所属：见素抱朴，少私寡欲，绝学无忧。

第二十章

【原文】

　　唯之与阿，相去几何？美之与恶，相去若何？人之所畏，不可不畏。荒兮，其未央哉！

　　众人熙熙，如享太牢，如春登台。我独泊兮，其未兆；沌沌兮，如婴儿之未孩；儽儽兮，若无所归。

　　众人皆有余，而我独若遗。众人皆有以，而我独顽且鄙。我愚人之心也哉！

　　俗人昭昭，我独昏昏；俗人察察，我独闷闷。

　　（澹兮，其若海；飂兮，若无止。）①

　　（众人皆有以，而我独顽且鄙。）②

　　我独异于人，而贵食母。

【注释】

①此句与本文义无关，为《第十五章》错简于此，此处当删。

②此句在此处无连贯意义，应移于"众人皆有余，而我独若遗。"之后，互为韵文。

【新读】

　　唯之与阿，相去几何？美之与恶，相去若何？人之所畏，不可不畏。荒兮，其未央哉！

　　众人熙熙，如享太牢，如春登台。我独泊兮，其未兆；沌沌兮，如婴儿之未孩；儽儽兮，若无所归。

　　众人皆有余，而我独若遗。众人皆有以，而我独顽且鄙。我愚人之心也哉!

俗人昭昭,我独昏昏。俗人察察,我独闷闷。

我独异于人,而贵食母。

第二十一章

【原文】

（道冲而用之或不盈。渊兮，似万物之宗；）①（湛兮，似或存。）②

（孔德之容，惟道是从。）③

道之为物，惟恍惟惚。（是谓无状之状，无物之象，是谓惚恍。）④惚兮恍兮，其中有象；恍兮惚兮，其中有物。窈兮冥兮，其中有精，其精甚真；其中有信。

（自今及古，其名不去，以阅众甫。吾何以知众甫之状哉？以此。）⑤

【注释】

①此句原在《第四章》，为本章错简，应移于此处。
②此句原在《第四章》，为本章错简，应移于此处。
③此句与本文义无关，为《第十五章》错简于此，此处当删。
④此句原在《第十四章》，为本章错简，应移于此处。
⑤此句与本文义无关，为《第三十四章》错简于此，此处当删。

【新读】

道冲而用之或不盈。渊兮，似万物之宗；湛兮，似或存。

道之为物，惟恍惟惚。是谓无状之状，无物之象，是谓惚恍。惚兮恍兮，其中有象；恍兮惚兮，其中有物。窈兮冥兮，其中有精，其精甚真；其中有信。

第二十二章

【原文】

曲则全,枉则直,洼则盈,敝则新,少则得,多则惑。

(企者不立,跨者不行。自见者,不明;自是者,不彰;自伐者,无功;自矜者,不长。)①

(是以圣人抱一为天下式。)②

(挫其锐,解其纷,和其光,同其尘,是谓"玄同"。)③

不自见,故明;不自是,故彰;不自伐,故有功;不自矜,故长。

(夫唯不争,故天下莫能与之争。)④

古之所谓"曲则全"者,岂虚言哉!诚全而归之。

(保此道者,不欲盈。夫唯不盈,故能敝而新成。)⑤

【注释】

①以上几句原在《第二十四章》,为本章错简,应移于此处。
②此句与本文义无关,为《第三十九章》错简于此,此处当删。
③此句原在《第五十六章》,为本章错简,应移于此处。
④此句与本文义无关,为《第六十八章》错简于此,此处当删。
⑤此句原在《第十五章》,为本章错简,应移于此处。

【新读】

曲则全,枉则直,洼则盈,敝则新,少则得,多则惑。

企者不立,跨者不行。自见者,不明;自是者,不彰;自伐者,无功;自矜者,不长。挫其锐,解其纷,和其光,同其尘,是谓"玄同"。

不自见,故明;不自是,故彰;不自伐,故有功;不自矜,故长。

古之所谓"曲则全"者,岂虚言哉!诚全而归之。

保此道者,不欲盈。夫唯不盈,故能蔽而新成。

第二十三章

【原文】

希言自然。

故飘风不终朝，骤雨不终日。孰为此者？天地。天地尚不能久，而况于人乎？

（故从事于道者，同于道；德者，同于德；失者，同于失。同于道者，道亦乐得之；同于德者，德亦乐得之；同于失者，失亦乐得之。）①

（信不足焉，有不信焉。）②

（多言数穷，不如守中。）③

（悠兮，其贵言。功成事遂，百姓皆谓："我自然。"）④

（治大国，若烹小鲜。）⑤

【注释】

①此句与本文义无关，为《第四十一章》错简于此，此处当删。
②此句与本文义无关，为《第十七章》错简重出，此处当删。
③此句原在《第五章》，为本章错简，应移于此处。
④此原在《第十七章》，为本章错简，应移于此处。
⑤此句原在《第六十章》，为本章错简，应移于此处。

【新读】

希言自然。

故飘风不终朝，骤雨不终日。孰为此者？天地。天地尚不能久，而况于人乎？

多言数穷,不如守中。

悠兮,其贵言。功成事遂,百姓皆谓:"我自然。"

治大国,若烹小鲜。

第二十四章

【原文】

（企者不立，跨者不行。自见者，不明；自是者，不彰；自伐者，无功；自矜者，不长。）①

（其在道也，曰："余食赘行。"）②

（物或恶之，故有道者不处。）③

【注释】

①此句为《第二十二章》错简于此，此处当删。
②此句为《第五十三章》错简于此，此处当删。
③此句为《第三十一章》错简重出，此处当删。

第二十五章

【原文】

　　有物混成，先天地生。寂兮寥兮，独立而不改，周行而不殆，(吾不知谁之子，象帝之先，)①可以为天地母。(其上不皦，其下不昧。绳绳兮不可名，)②(迎之不见其首，随之不见其后。)③吾不知其名，强为字之曰道，强为之名曰大。(道可道，非常道；名可名，非常名。)④

　　大曰逝，逝曰远，远曰反。(反者道之动。)⑤

　　故道大，天大，地大，人亦大。域中有四大，而人居其一焉。

　　人法地，地法天，天法道，道法自然。

【注释】

①此句原在《第四章》，为本章错简，应移于此处。
②此句原在《第十四章》，为本章错简，应移于此处。
③此句原在《第十四章》，为本章错简，应移于此处。
④此句原在《第一章》，为本章错简，应移于此处。
⑤此句原在《第四十章》，为本章错简，应移于此处。

【新读】

　　有物混成，先天地生。寂兮寥兮，独立而不改，周行而不殆，吾不知谁之子，象帝之先，可以为天地母；其上不皦，其下不昧。绳绳兮不可名，迎之不见其首，随之不见其后。吾不知其名，强为字之曰道，强为之名曰大。道可道，非常道；名可名，非常名。

大曰逝,逝曰远,远曰反。反者道之动。

故道大,天大,地大,人亦大。域中有四大,而人居其一焉。

人法地,地法天,天法道,道法自然。

第二十六章

【原文】

　　重为轻根,静为躁君。是以君子终日行不离辎重。
虽有荣观,燕处超然。奈何万乘之主,而以身轻天下?
轻则失根,躁则失君。

第二十七章

【原文】

　　善行，无辙迹；善言，无瑕谪；善数，不用筹策；善闭，无关楗而不可开；善结，无绳约而不可解。

　　(是以圣人常善救人，故无弃人；常善救物，故无弃物。)①是谓袭明。

　　(故善人者，不善人之师；不善人者，善人之资。不贵其师，不爱其资，虽智大迷，是谓要妙。)②

【注释】

　　①此句与本文意无关，为《第二十八章》错简于此，此处当删。
　　②此句与本文意无关，为《第四十九章》错简于此，此处当删。

【新读】

　　善行，无辙迹；善言，无瑕谪；善数，不用筹策；善闭，无关楗而不可开；善结，无绳约而不可解。是谓袭明。

第二十八章

【原文】

　　知其雄，守其雌，为天下溪。为天下溪，常德不离，复归于婴儿。

　　知其白，守其黑，为天下式。为天下式，常德不忒，复归于无极。

　　知其荣，守其辱，为天下谷。为天下谷，常德乃足，复归于朴。

　　朴散则为器，（始制有名，名亦既有。）①圣人用之，则为官长，（是以圣人常善救人，故无弃人；常善救物，故无弃物。）②故大制不割。

【注释】

①此句原在《第三十二章》，为本章错简，应移于此处。
②此句原在《第二十七章》，为本章错简，应移于此处。

【新读】

　　知其雄，守其雌，为天下溪。为天下溪，常德不离，复归于婴儿。
　　知其白，守其黑，为天下式。为天下式，常德不忒，复归于无极。
　　知其荣，守其辱，为天下谷。为天下谷，常德乃足，复归于朴。
　　朴散则为器，始制有名，名亦既有。圣人用之，则为官长，是以圣人常善救人，故无弃人；常善救物，故无弃物。故大制不割。

第二十九章

【原文】

（以政治国，以奇用兵，以无事取天下。）①

将欲取天下而为之，吾见其不得已。天下神器，不可为也，不可执也。为者败之，执者失之。

（夫物或行或随；或歔或吹；或强或羸；或载或隳。）②

是以圣人去甚，去奢，去泰。

（是以圣人无为，故无败；无执，故无失。）③

（取天下常以无事，及其有事，不足以取天下。）④

【注释】

①此句原在《第五十七章》，为本章错简，应移于此处。

②此句与本文意无关，为《第归集一章》错简于此，此处当删。

③此句原在《第六十四章》，为本章错简，应移于此处。

④此句原在《第四十八章》，为本章错简，应移于此处。

【新读】

以政治国，以奇用兵，以无事取天下。

将欲取天下而为之，吾见其不得已。天下神器，不可为也，不可执也。为者败之，执者失之。

是以圣人去甚，去奢，去泰。

是以圣人无为，故无败；无执，故无失。

取天下常以无事，及其有事，不足以取天下。

第三十章

【原文】

以道佐人主者,不以兵强天下。

其事好还。师之所处,荆棘生焉。大军之后,必有凶年。

善有果而已,不敢以取强。果而勿矜,果而勿伐,果而勿骄。果而不得已,果而勿强。

(物壮则老,是谓不道,不道早已。)①

【注释】

①此句与本文义无关,为《第七十六章》错简于此,此处当删。

【新读】

以道佐人主者,不以兵强天下。

其事好还。师之所处,荆棘生焉。大军之后,必有凶年。

善有果而已,不敢以取强。果而勿矜,果而勿伐,果而勿骄。果而不得已,果而勿强。

第三十一章

【原文】

夫兵者，不祥之器，物或恶之，故有道者不处。

（君子居则贵左，用兵则贵右。）①兵者不祥之器，非君子之器，不得已而用之，恬淡为上。胜而不美，而美之者，是乐杀人。夫乐杀人者，则不可得志于天下矣。

吉事尚左，凶事尚右。偏将军居左，上将军居右，言以丧礼处之。杀人之众，以悲哀泣之，战胜以丧礼处之。

【注释】

①此句在此处没有承前启下的作用，应移于"吉事尚左，凶事尚右"之后。

【新读】

夫兵者，不祥之器，物或恶之，故有道者不处。

兵者不祥之器，非君子之器，不得已而用之，恬淡为上。胜而不美，而美之者，是乐杀人。夫乐杀人者，则不可得志于天下矣。

吉事尚左，凶事尚右。君子居则贵左，用兵则贵右。偏将军居左，上将军居右，言以丧礼处之。杀人之众，以悲哀泣之，战胜以丧礼处之。

第三十二章

【原文】

(道常无名,朴。虽小,天下莫能臣。侯王若能守之,万物将自宾。)①

(天地相合,以降甘露,民莫之令而自均。)②

(始制有名,名亦既有。)③

(夫亦将知止,知止可以不殆。)④

(譬道之在天下,犹川谷之于江海。)⑤

【注释】

①此句为《第三十七章》错简于此,此处当删。
②此句为《第七十七章》错简于此,此处当删。
③此句为《第二十八章》错简于此,此处当删。
④此句为《第四十四章》错简于此,此处当删。
⑤此句为《第五十三章》错简于此,此处当删。

第三十三章

【原文】
  知人者智,自知者明。
  胜人者有力,自胜者强。
  知足者富。
  强行者有志。
  不失其所者久。
  死而不亡者寿。

第三十四章

【原文】

大道泛兮，其可左右。

万物恃之以生而不辞，功成而不有。衣养万物而不为主，可名于小；万物归焉而不为主，可名为大。（以其终不自为大，故能成其大。）①

（知此两者亦稽式。常知稽式，是谓"玄德"。"玄德"深矣，远矣，与物反矣，然后乃至大顺。）②

（万物作而不辞，生而不有，为而不恃，）③（长而不宰，）④（功成而弗居。夫唯弗居，是以不去。）⑤

（道常无为而无不为。）⑥

（自今及古，其名不去，以阅众甫。吾何以知众甫之状哉？以此。）⑦

【注释】

①此句与本文义无关，为《第六十六章》错简于此，此处当删。
②以上几句原在《第六十五章》，为本章错简，应移于此处。
③此句原在《第二章》，为本章错简，应移于此处。
④此句原在《第十章》和《第五十　章》，为本章错简，应移于此处。
⑤此句原在《第二章》，为本章错简，应移于此处。
⑥此句原在《第三十七章》，为本章错简，应移于此处。
⑦此句原在《第二十一章》，为本章错简，应移于此处。

【新读】

大道泛兮，其可左右。

万物恃之以生而不辞，功成而不有。衣养万物而不为主，可名于小；万物归焉而不为主，可名为大。知此两者亦稽式。常知稽式，是谓"玄德"。"玄德"深矣，远矣，与物反矣，然后乃至大顺。

万物作而不辞，生而不有，为而不恃，长而不宰，功成而弗居。夫唯弗居，是以不去。道常无为而无不为。

自今及古，其名不去，以阅众甫。吾何以知众甫之状哉？以此。

第三十五章

【原文】

（执大象，天下往。往而不害，安平泰。）①

（乐与饵，过客止。）②

（道之出口，淡乎其无味，视之不足见，听之不足闻，用之不足既。）③

【注释】

①此句为《第五十三章》错简于此，此处当删。

②此句为《第八十章》错简于此，此处当删。

③此句为《第三十九章》错简于此，此处当删。

第三十六章

【原文】

　　将欲歙之,必固张之;将欲弱之,必固强之;将欲废之,必固举之;将欲取之,必固与之。是谓"微明"。

　　(柔弱胜刚强。)①

　　(鱼不可脱于渊,国之利器不可以示人。)②

【注释】

　　①此句与本文义无关,为《第七十八章》错简于此,此处当删。
　　②此句与本文义无关,为《第七十四章》错简于此,此处当删。

【新读】

　　将欲歙之,必固张之;将欲弱之,必固强之;将欲废之,必固举之;将欲取之,必固与之。是谓"微明"。

第三十七章

【原文】

（道常无为而无不为。）①

（道常无名，朴。虽小，天下莫能臣。侯王若能守之，万物将自宾。）②侯王若能守之，万物将自化。化而欲作，吾将镇之以无名之朴，（以辅万物之自然，而不敢为。）③镇之以无名之朴，夫将不欲，不欲以静，天下将自正。（清静为天下正。）④

【注释】

①此句与本文义无关，为《第二十四章》错简于此，此处当删。
②此句原在《第三十二章》，为本章错简，应移于此处。
③此句原在《第六十四章》，为本章错简，应移于此处。
④此句原在《第四十五章》，为本章错简，应移于此处。

【新读】

道常无名，朴。虽小，天下莫能臣。侯王若能守之，万物将自宾。侯王若能守之，万物将自化。化而欲作，吾将镇之以无名之朴，以辅万物之自然，而不敢为。镇之以无名之朴，夫将不欲，不欲以静，天下将自正。清静为天下正。

第三十八章

【原文】
　　上德不德，是以有德；下德不失德，是以无德。
　　上德无为而无以为；下德无为而有以为。
　　上仁为之而无以为；上义为之而有以为。
　　上礼为之而莫之应，则攘臂而扔之。
　　故失道而后德，失德而后仁，失仁而后义，失义而后礼。
　　夫礼者，忠信之薄，而乱之首。
　　（前识者，道之华，而愚之始。是以大丈夫处其厚，不居其薄；处其实，不居其华。故去彼取此。）①

【注释】
　　①以上几句与本文义无关，为《第四十七章》错简于此，此处当删。

【新读】
　　上德不德，是以有德；下德不失德，是以无德。
　　上德无为而无以为；下德无为而有以为。
　　上仁为之而无以为；上义为之而有以为。
　　上礼为之而莫之应，则攘臂而扔之。
　　故失道而后德，失德而后仁，失仁而后义，失义而后礼。
　　夫礼者，忠信之薄，而乱之首。

第三十九章

【原文】

（道之出口，淡乎其无味，视之不足见，听之不足闻，用之不足既。）① （视之不见，名曰夷；听之不闻，名曰希；搏之不得，名曰微。此三者不可致诘，故混而为　。）②

昔之得一者：天得一以清，地得一以宁，神得一以灵，谷得一以盈，万物得一以生，侯王得一以为天下正。

其致之也，天无以清，将恐裂；地无以宁，将恐废；神无以灵，将恐歇；谷无以盈，将恐竭；万物无以生，将恐灭；侯王无以正，将恐蹶。（是以圣人抱一为天下式。）③

（故贵以贱为本，高以下为基。是以侯王自称孤、寡、不谷。此非以贱为本邪？非乎？故至誉无誉。是故不欲琭琭如玉，珞珞如石。）④

【注释】

①此句原在《第三十五章》，为本章错简，应移于此处。
②此句原在《第十四章》，为本章错简，应移于此处。
③此句原在《第二十二章》，为本章错简，应移于此处。
④以上几句与本文义无关，为《第归集一章》错简于此，此处当删。

【新读】

道之出口，淡乎其无味，视之不足见，听之不足闻，用之不足既。

视之不见,名曰夷;听之不闻,名曰希;搏之不得,名曰微。此三者不可致诘,故混而为一。

昔之得一者:天得一以清,地得一以宁,神得一以灵,谷得一以盈,万物得一以生,侯王得一以为天下正。

其致之也,天无以清,将恐裂;地无以宁,将恐废;神无以灵,将恐歇;谷无以盈,将恐竭;万物无以生,将恐灭;侯王无以正,将恐蹶。是以圣人抱一为天下式。

第四十章

【原文】

（反者，道之动。）①
（弱者，道之用。）②
（天下万物生于有，有生于无。）③

【注释】

①此句为《第二十五章》错简于此，此处当删。
②此句为《第七十六章》错简于此，此处当删。
③此句为《第一章》错简于此，此处当删。

第四十一章

【原文】

　　上士闻道，勤而行之；中士闻道，若存若亡；下士闻道，大笑之。不笑不足以为道。

　　故建言有之：明道若昧，进道若退，夷道若纇，上德若谷，广德若不足，建德若偷，质真若渝。

　　（大白若辱，大方无隅，大器晚成，大音希声，大象无形。）①

　　（故从事于道者，同于道；德者，同于德；失者，同于失。同于道者，道亦乐得之；同于德者，德亦乐得之；同于失者，失亦乐得之。）②

　　（道隐无名。）③

　　（夫唯道，善贷且成。）④

【注释】

　　①此句与本文义无关，为《第四十五章》错简于此，此处当删。
　　②以上几句原在《第二十三章》，为本章错简，应移于此处。
　　③此句与本文义无关，为《第三十七章》错简重出，此处当删。
　　④此句与本文义无关，为《第五十一章》错简于此，此处当删。

【新读】

　　上士闻道，勤而行之；中士闻道，若存若亡；下士闻道，大笑之。不笑不足以为道。

故建言有之：明道若昧，进道若退，夷道若颣，上德若谷，广德若不足，建德若偷，质真若渝。

故从事于道者，同于道；德者，同于德；失者，同于失。同于道者，道亦乐得之；同于德者，德亦乐得之；同于失者，失亦乐得之。

第四十二章

【原文】

　　道生一，一生二，二生三，三生万物。

　　万物负阴而抱阳，冲气以为和。

　　（人之所恶，唯孤、寡、不谷，而王公以为称。）①

　　（故物或损之而益，或益之而损。）②

　　（人之所教，我亦教之："强梁者不得其死。"吾将以为教父。）③

【注释】

　　①此句与本文义无关，为《第归集一章》错简于此，此处当删。
　　②此句与本文义无关，为《第归集一章》错简于此，此处当删。
　　③此句与本文义无关，为《第七十六章》错简于此，此处当删。

【新读】

　　道生一，一生二，二生三，三生万物。

　　万物负阴而抱阳，冲气以为和。

第四十三章

【原文】

（天下之至柔，驰骋天下之至坚，无有入无间。）①

（吾是以知无为之有益。不言之教，无为之益，天下希及之。）②

【注释】

①此句为《第七十八章》错简于此，此处当删。
②此句为《第四十八章》错简于此，此处当删。

第四十四章

【原文】

名与身孰亲?身与货孰多?得与亡孰病?

甚爱必大费;多藏必厚亡。

(夫亦将知止,知止可以不殆。)①

(故知足不辱。)②知止不殆,可以长久。(没身不殆。)③

【注释】

①此句原在《第三十二章》,为本章错简,应移于此处。

②此句与本文义无关,为《第四十六章》错简于此,此处当删。

③此句原在《第十六章》《第五十二章》,为本章错简,应移于此处。

【新读】

名与身孰亲?身与货孰多?得与亡孰病?

甚爱必大费;多藏必厚亡。

夫亦将知止,知止可以不殆。

知止不殆,可以长久。没身不殆。

第四十五章

【原文】

　　大成若缺，其用不弊。大盈若冲，其用不穷。
　　大直若屈，大巧若拙，大辩若讷，大赢若绌。
　　（大白若辱，大方无隅，大器晚成，大音希声，大象无形。)①
　　（静胜躁，寒胜热。)②
　　（清静为天下正。)③

【注释】

　　①此句原在《第四十一章》，为本章错简，应移于此处。
　　②此句疑为后人增补，此处当删。
　　③此句为《第三十七章》错简于此，此处当删。

【新读】

　　大成若缺，其用不弊。大盈若冲，其用不穷。
　　大直若屈，大巧若拙，大辩若讷，大赢若绌。
　　大白若辱，大方无隅，大器晚成，大音希声，大象无形。

第四十六章

【原文】

　　天下有道，却走马以粪。天下无道，戎马生于郊。
　　祸莫大于不知足，咎莫大于欲得。
　　故知足之足，常足矣。（故知足不辱。）①

【注释】

　　①此句原在《第四十四章》，为本章错简，应移于此处。

【新读】

　　天下有道，却走马以粪。天下无道，戎马生于郊。
　　祸莫大于不知足，咎莫大于欲得。
　　故知足之足，常足矣。故知足不辱。

第四十七章

【原文】

不出户,知天下;不窥牖,见天道。其出弥远,其知弥少。

(是以圣人不行而知,不见而明,不为而成。)①

(前识者,道之华,而愚之始。是以大丈夫处其厚,不居其薄;处其实,不居其华。故去彼取此。)②

【注释】

①此句与本文义无关,疑为后人增补,此处当删。
②此句原在《第三十八章》,为本章错简,应移于此处。

【新读】

不出户,知天下;不窥牖,见天道。其出弥远,其知弥少。

前识者,道之华,而愚之始。是以大丈夫处其厚,不居其薄;处其实,不居其华。故去彼取此。

第四十八章

【原文】

　　为学日益，为道日损。损之又损，以至于无为。
　　无为而无不为。
　　（吾是以知无为之有益。不言之教，无为之益，天下希及之。）①
　　（是以圣人处无为之事，行不言之教。）②
　　（取天下常以无事，及其有事，不足以取天下。）③

【注释】

　　①此句原在《第四十三章》，为本章错简，应移于此处。
　　②此句原在《第二章》，为本章错简，应移于此处。
　　③此句与本文义无关，为《第二十九章》错简于此，此处当删。

【新读】

　　为学日益，为道日损。损之又损，以至于无为。
　　无为而无不为。
　　吾是以知无为之有益。不言之教，无为之益，天下希及之。
　　是以圣人处无为之事，行不言之教。

第四十九章

【原文】

(圣人常无心，以百姓心为心。)①

善者，吾善之；不善者，吾亦善之；德善。

信者，吾信之；不信者，吾亦信之；德信。

(故善人者，不善人之师；不善人者，善人之资。不贵其师，不爱其资，虽智大迷，是谓要妙。)②

(圣人在天下，歙歙焉，为天下浑其心。)③

(百姓皆注其耳目，圣人皆孩之。)④

【注释】

①此句与本文义无关，为《第十二章》错简于此，此处当删。
②此句原在《第二十七章》，为本章错简，应移于此处。
③此句与本文义无关，为《第十二章》错简于此，此处当删。
④此句与本文义无关，为《第十二章》错简于此，此处当删。

【新读】

善者，吾善之；不善者，吾亦善之；德善。

信者，吾信之；不信者，吾亦信之；德信。

故善人者，不善人之师；不善人者，善人之资。不贵其师，不爱其资，虽智大迷，是谓要妙。

第五十章

【原文】

出生入死。生之徒，十有三；死之徒，十有三；人之生，动之于死地，亦十有三。夫何故？以其生生之厚，（益生曰祥。）①（夫唯无以生为者，是贤于贵生。）②

盖闻善摄生者，（毒虫不螫，猛兽不据，攫鸟不搏。）③陆行不遇兕虎，入军不被甲兵，兕无所投其角，虎无所用其爪，兵无所容其刃。夫何故？以其无死地。

【注释】

①此句原在《第五十五章》，为本章错简，应移于此处。
②此句原在《第七十五章》，为本章错简，应移于此处。
③此句原在《第五十五章》，为本章错简，应移于此处。

【新读】

出生入死。生之徒，十有三；死之徒，十有三；人之生，动之于死地，亦十有三。夫何故？以其生生之厚，益生曰祥。夫唯无以生为者，是贤于贵生。

盖闻善摄生者，毒虫不螫，猛兽不据，攫鸟不搏。陆行不遇兕虎，入军不被甲兵，兕无所投其角，虎无所用其爪，兵无所容其刃。夫何故？以其无死地。

第五十一章

【原文】

（道者万物之奥。）①
道生之，德畜之，物形之，势成之，是以万物莫不尊道而贵德。
道之尊，德之贵，夫莫之命而常自然。
故道生之，德畜之；长之育之；亭之毒之；养之覆之。
（生而不有，为而不恃。）②
（长而不宰。）③
（是谓玄德。）④
（夫唯道，善贷且成。）⑤

【注释】

①此句原在《第六十二章》，为本章错简，应移于此处。
②此句与本文义无关，为《第三十四章》错简重出，此处当删。
③此句与本文义无关，为《第三十四章》错简于此，此处当删。
④此句与本文义无关，为《第三十四章》错简重出，此处当删。
⑤此句原在《第四十一章》，为本章错简，应移于此处。

【新读】

道者万物之奥。
道生之，德畜之，物形之，势成之，是以万物莫不尊道而贵德。道之尊，德之贵，夫莫之命而常自然。
故道生之，德畜之；长之育之；亭之毒之；养之覆之。
夫唯道，善贷且成。

第五十二章

【原文】

（天下有始，以为天下母。既得其母，以知其子；既知其子，复守其母。）①

（没身不殆。）②

（塞其兑，闭其门，终身不勤；开其兑，济其事，终身不救。）③

（见小曰明，守柔曰强。）④

（用其光，复归其明，无遗身殃，是为袭常。）⑤

【注释】

①此句为《第十六章》错简于此，此处当删。
②此句为《第四十四章》错简于此，此处当删。
③此句为《第三章》错简于此，此处当删。
④此句疑为后人增补，当删。
⑤此句为《第五十五章》错简于此，此处当删。

第五十三章

【原文】

（执大象，天下往。往而不害，安平泰。）①

（譬道之在天下，犹川谷之于江海。）②

使我介然有知，行于大道，唯施是畏。

大道甚夷，而人好径。朝甚除，田甚芜，仓甚虚；服文采，带利剑，厌饮食，财货有余，（其在道也，曰："余食赘行。"）③是为盗夸。非道也哉！

【注释】

①此句原在《第三十五章》，为本章错简，应移于此处。

②此句原在《第三十二章》，为本章错简，应移于此处。

③此句原在《第二十四章》，为本章错简，应移于此处。

【新读】

执大象，天下往。往而不害，安平泰。

譬道之在天下，犹川谷之于江海。

使我介然有知，行于大道，唯施是畏。

大道甚夷，而人好径。朝甚除，田甚芜，仓甚虚；服文采，带利剑，厌饮食，财货有余，其在道也，曰："余食赘行。"是为盗夸。非道也哉！

第五十四章

【原文】

善建者不拔,善抱者不脱,子孙以祭祀不辍。

修之于身,其德乃真;修之于家,其德乃余;修之于乡,其德乃长;修之于邦,其德乃丰;修之于天下,其德乃普。

故以身观身,以家观家,以乡观乡,以邦观邦,以天下观天下。吾何以知天下然哉?以此。

第五十五章

【原文】

含德之厚，比于赤子。（毒虫不螫，猛兽不据，攫鸟不搏。）①

骨弱筋柔而握固。未知牝牡之合而朘作，精之至也。终日号而不嗄，和之至也。知和曰常，知常曰明。（不知常，妄作凶。）②（益生曰祥。）③心使气曰强。（用其光，复归其明，无遗身殃，是为袭常。）④（物壮则老，谓之不道，不道早已。）⑤

【注释】

①此句与本文义无关，为《第五十章》错简于此，此处当删。
②此句原在《第十六章》，为本章错简，应移于此处。
③此句与本文义无关，为《第五十章》错简于此，此处当删。
④此句原在《第五十二章》，为本章错简，应移于此处。
⑤此句与本文义无关，为《第七十六章》错简于此，此处当删。

【新读】

含德之厚，比于赤子。

骨弱筋柔而握固。未知牝牡之合而朘作，精之至也。终日号而不嗄，和之至也。知和曰常，知常曰明。不知常，妄作凶。心使气曰强。用其光，复归其明，无遗身殃，是为袭常。

第五十六章

【原文】

（信言不美，美言不信。善者不辩，辩者不善。知者不博，博者不知。）①知者不言，言者不知。

（塞其兑，闭其门。）②

（挫其锐，解其纷，和其光，同其尘，是谓"玄同"。）③

（是以圣人自知不自见，自爱不自贵。故去彼取此。）④

（是以圣人方而不割，廉而不刿，直而不肆，光而不耀。）⑤

故不可得而亲，不可得而疏；不可得而利，不可得而害；不可得而贵，不可得而贱。

（故为天下贵。）⑥

【注释】

①此句原在《第八十一章》，为本章错简，应移于此处。
②此句与本文义无关，为《第三章》错简重出，此处当删。
③此句与本文义无关，为《第二十二章》错简于此，此处当删。
④此句原在《第七十二章》，为本章错简，应移于此处。
⑤此句原在《第五十八章》，为本章错简，应移于此处。
⑥此句为《第六十二章》错简重出，此处当删。

【新读】

信言不美，美言不信。善者不辩，辩者不善。知者不博，博者不知。知者不言，言者不知。

是以圣人自知不自见，自爱不自贵。故去彼取此。

是以圣人方而不割，廉而不刿，直而不肆，光而不耀。

故不可得而亲，不可得而疏；不可得而利，不可得而害；不可得而贵，不可得而贱。

第五十七章

【原文】

（以政治国，以奇用兵，以无事取天下。）①

（为无为，事无事，味无味。）②

（其政闷闷，其民淳淳；其政察察，其民缺缺。）③吾何以知其然哉？以此：天下多忌讳，而民弥贫；人多利器，国家滋昏；人多伎巧，奇物滋起；法令滋彰，盗贼多有。

故圣人云："我无为，而民自化；我好静，而民自正；我无事，而民自富；我无欲，而民自朴。"

（为无为，则无不治。）④

【注释】

①此句与本文义无关，为《第二十九章》错简于此，此处当删。

②此句原在《第六十三章》，为本章错简，应移于此处。

③此句原在《第五十八章》，为本章错简，应移于此处。

④此句原在《第三章》，为本章错简，应移于此处。

【新读】

为无为，事无事，味无味。

其政闷闷，其民淳淳；其政察察，其民缺缺。吾何以知其然哉？以此：天下多忌讳，而民弥贫；人多利器，国家滋昏；人多伎巧，奇物滋起，法令滋彰，盗贼多有。

故圣人云："我无为，而民自化；我好静，而民自正；我无事，而民自富；我无欲，而民自朴。"

为无为，则无不治。

第五十八章

【原文】

(其政闷闷,其民淳淳;其政察察,其民缺缺。)①

(祸兮,福之所倚;福兮,祸之所伏。孰知其极?其无正也。正复为奇,善复为妖。人之迷,其日固久。)②

(是以圣人方而不割,廉而不刿,直而不肆,光而不耀。)③

【注释】

①此句为《第五十七章》错简于此,此处当删。
②此句为《第六十五章》错简于此,此处当删。
③此句为《第五十六章》错简于此,此处当删。

第五十九章

【原文】

治人事天,莫若啬。

夫唯啬,是谓早服;早服谓之重积德;重积德,则无不克;无不克,则莫知其极;莫知其极,可以有国;有国之母,可以长久,是谓深根固柢、长生久视之道。

第六十章

【原文】

（治大国，若烹小鲜。）①

（以道莅天下，其鬼不神；非其鬼不神也，其神不伤人；非其神不伤人也，圣人亦不伤人。夫两不相伤，故德交归焉。）②

【注释】

①此句为《第二十三章》错简于此，此处当删。
②此句为《第六十二章》错简于此，此处当删。

第六十一章

【原文】

　　大邦者下流，天下之牝，天下之交也。牝常以静胜牡，以静为下。

　　故大邦以下小邦，则取小邦；小邦以下大邦，则取大邦。故或下以取，或下而取。大邦不过欲兼畜人，小邦不过欲入事人，夫两者各得所欲，大者宜为下。

第六十二章

【原文】

（道者万物之奥。）①

（以道莅天下，其鬼不神；非其鬼不神也，其神不伤人；非其神不伤人也，圣人亦不伤人。夫两不相伤，故德交归焉。）②

善人之宝，不善人之所保。

（美言可以市尊，美行可以加人。）③ 人之不善，何弃之有？

故立天子，置三公，虽有拱璧以先驷马，不如坐进此道。

古之所以贵此道者何？不曰："求以得，有罪以免邪？"故为天下贵。

（天道无亲，常与善人。）④

【注释】

①此句与本文义无关，为《第五十一章》错简于此，此处当删。
②此句原在《第六十章》，为本章错简，应移于此处。
③此句与本文义无关，为《第七十章》错简于此，此处当删。
④此句原在《第七十九章》，为本章错简，应移于此处。

【新读】

以道莅天下，其鬼不神；非其鬼不神也，其神不伤人；非其神不伤人也，圣人亦不伤人。夫两不相伤，故德交归焉。

善人之宝，不善人之所保。人之不善，何弃之有？

故立天子,置三公,虽有拱璧以先驷马,不如坐进此道。
古之所以贵此道者何?不曰:求以得,有罪以免邪?故为天下贵。
天道无亲,常与善人。

第六十三章

【原文】

（为无为，事无事，味无味。）①

大小多少。（合抱之木，生于毫末；九层之台，起于累土；千里之行，始于足下。）②

（抱怨以德。）③

图难于其易，为大于其细。天下难事，必作于易；天下大事，必作于细。

（是以圣人终不为大，故能成其大。）④

夫轻诺必寡信，多易必多难。

（是以圣人犹难之，）⑤（故终无难矣。）⑥

【注释】

①此句与本文义无关，为《第五十七章》错简于此，此处当删。
②以上几句原在《第六十四章》，为本章错简，应移于此处。
③此句与本文义无关，为《第七十九章》错简于此，此处当删。
④此句与本文义无关，为《第六十六章》错简于此，此处当删。
⑤此句与本文义无关，为《第七十三章》错简重出，此处当删。
⑥此句与本文义无关，为《第六十四章》错简于此，此处当删。

【新读】

大小多少。

合抱之木，生于毫末；九层之台，起于累土；千里之行，始于足下。

图难于其易，为大于其细；天下难事，必作于易；天下大事，必作于细。

夫轻诺必寡信，多易必多难。

第六十四章

【原文】

其安易持，其未兆易谋。其脆易泮，其微易散。为之于未有，治之于未乱。

（合抱之木，生于毫末；九层之台，起于累土；千里之行，始于足下。）①

（为者败之，执者失之。）②

（是以圣人无为，故无败；无执，故无失。）③

民之从事，常于几成而败之。

慎终如始，则无败事。（故终无难矣。）④

（是以圣人欲不欲，不贵难得之货；学不学，复众人之所过。）⑤

（以辅万物之自然，而不敢为。）⑥

【注释】

①此句与本文义无关，为《第六十三章》错简于此，此处当删。
②此句与本文义无关，为《第二十九章》错简重出，此处当删。
③此句与本文义无关，为《第二十九章》错简于此，此处当删。
④此句原在《第六十三章》，为本章错简，应移于此处。
⑤此句与前文义无关，为《第十二章》错简于此，此处当删。
⑥此句与前文义无关，为《第三十七章》错简于此，此处当删。

【新读】

其安易持，其未兆易谋。其脆易泮，其微易散。为之于未有，治之于未乱。

民之从事，常于几成而败之。慎终如始，则无败事。故终无难矣。

第六十五章

【原文】

　　古之善为道者，非以明民，将以愚之。

　　民之难治，以其智多。故以智治国，国之贼；不以智治国，国之福。

　　(知此两者亦稽式。常知稽式，是谓"玄德"。"玄德"深矣，远矣，与物反矣，然后乃至大顺。)①

　　(祸兮，福之所倚；福兮，祸之所伏。孰知其极？其无正也。正复为奇，善复为妖。人之迷，其日固久。)②

　　(常使民无知无欲，使夫智者不敢为也。)③

【注释】

　　①以上几句与本文义无关，为《第三十四章》错简于此，此处当删。

　　②以上几句原在《第五十八章》，为本章错简，应移于此处。

　　③此句原在《第三章》，为本章错简，应移于此处。

【新读】

　　古之善为道者，非以明民，将以愚之。

　　民之难治，以其智多。故以智治国，国之贼；不以智治国，国之福。祸兮，福之所倚；福兮，祸之所伏。孰知其极？其无正也。正复为奇，善复为妖。人之迷，其日固久。

　　常使民无知无欲，使夫智者不敢为也。

第六十六章

【原文】

江海所以能为百谷王者,以其善下之,故能为百谷王。
是以圣人欲上民,必以言下之;欲先民,必以身后之。
(是以圣人后其身而身先,外其身而身存。)①
是以圣人处上而民不重,处前而民不害。
(是以天下乐推而不厌。)②
(以其不争,故天下莫能与之争。)③
(是以圣人为而不恃,功成而不处,其不欲见贤。)④
(是以圣人终不为大,故能成其大。)⑤

【注释】

①此句原在《第七章》,为本章错简,应移于此处。
②此句与本文义无关,为《第七十二章》错简于此,此处当删。
③此句与本文义无关,为《第六十八章》错简于此,此处当删。
④此句原在《第七十七章》,为本章错简,应移于此处。
⑤此几句原在《第三十四章》和《第六十三章》,为本章错简,应移于此处。

【新读】

江海所以能为百谷王者,以其善下之,故能为百谷王。
是以圣人欲上民,必以言下之;欲先民,必以身后之。
是以圣人后其身而身先,外其身而身存。
是以圣人处上而民不重,处前而民不害。
是以圣人为而不恃,功成而不处,其不欲见贤。
是以圣人不为大,故终能成其大。

第六十七章

【原文】

（天下皆谓我："道大，似不肖。"大唯大，故似不肖。若肖，久矣其细也夫！）①

我有三宝，持而保之。一曰慈，二曰俭，三曰不敢为天下先。慈，故能勇；俭，故能广；不敢为天下先，故能成器长。

今舍慈且勇，舍俭且广，舍后且先，死矣！

夫慈以战则胜，以守则固。天将救之，以慈卫之。

【注释】

①此句与本文义无关，为《第七十章》错简于此，此处当删。

【新读】

我有三宝，持而保之。一曰慈，二曰俭，三曰不敢为天下先。慈，故能勇；俭，故能广；不敢为天下先，故能成器长。

今舍慈且勇，舍俭且广，舍后且先，死矣！

夫慈以战则胜，以守则固。天将救之，以慈卫之。

第六十八章

【原文】

　　善为士者，不武；善战者，不怒；善胜敌者，不与；善用人者，为之下。

　　是谓不争之德，是谓用人之力，是谓配天，古之极也。

　　（夫唯不争，故天下莫能与之争。故无尤。）[①]

【注释】

　　[①]此几句原在《第八章》《第二十二章》《第六十六章》，为本章错简，应移于此处。

【新读】

　　善为士者，不武；善战者，不怒；善胜敌者，不与；善用人者，为之下。

　　是谓不争之德，是谓用人之力，是谓配天，古之极也。

　　夫唯不争，故天下莫能与之争。故无尤。

第六十九章

【原文】

　　用兵有言："吾不敢为主，而为客；不敢进寸，而退尺。"是谓行无行，攘无臂，扔无敌，执无兵。

　　祸莫大于轻敌，轻敌几丧吾宝。

　　故抗兵相若，哀者胜矣。

第七十章

【原文】

（天下皆谓我："道大，似不肖。"夫唯大，故似不肖。若肖，久矣其细也夫！）[1]

（美言可以市尊，美行可以加人。）[2]

吾言甚易知，甚易行。天下莫能知，莫能行。

言有宗，事有君。夫唯无知，是以不我知。

知我者希，则我者贵。是以圣人被褐而怀玉。

【注释】

[1]此句原在《第六十七章》，为本章错简，应移于此处。

[2]此句原在《第六十二章》，为本章错简，应移于此处。

【新读】

天下皆谓我："道大，似不肖。"夫唯大，故似不肖。若肖，久矣其细也夫！

美言可以市尊，美行可以加人。

吾言甚易知，甚易行。天下莫能知，莫能行。

言有宗，事有君。夫唯无知，是以不我知。

知我者希，则我者贵。是以圣人被褐而怀玉。

第七十一章

【原文】

知不知,尚矣;不知知,病也。

圣人不病,以其病病。夫唯病病,是以不病?

第七十二章

【原文】

民不畏威，则大威至。

（民之饥，以其上食税之多，是以饥。民之难治，以其上之有为，是以难治。民之轻死，以其上求生之厚，是以轻死。）①

无狎其所居，无厌其所生。

（是以天下乐推而不厌。）② 夫唯不厌，是以不厌。

（是以圣人自知不自见；自爱不自贵。故去彼取此。）③

【注释】

①以上几句原在《第七十五章》，为本章错简，应移于此处。
②此句原在《第六十六章》，为本章错简，应移于此处。
③此句与本文义无关，为《第五十六章》错简于此，此处当删。

【新读】

民不畏威，则大威至。

民之饥，以其上食税之多，是以饥。民之难治，以其上之有为，是以难治。民之轻死，以其上求生之厚，是以轻死。

无狎其所居，无厌其所生。

是以天下乐推而不厌。夫唯不厌，是以不厌。

第七十三章

【原文】

　　勇于敢则杀，勇于不敢则活。此两者，或利或害。天之所恶，孰知其故？是以圣人犹难之。

　　天之道，不争而善胜，不言而善应，不召而自来，繟然而善谋。

　　天网恢恢，疏而不失。

第七十四章

【原文】

民不畏死,奈何以死惧之?
若使民常畏死,而为奇者,吾得执而杀之。孰敢?
常有司杀者杀。
夫代司杀者杀,是谓代大匠斫。夫代大匠斫者,希有不伤其手矣。
(鱼不可脱于渊,国之利器不可以示人。)①

【注释】

①此句原在《第三十六章》,为本章错简,应移于此处。

【新读】

民不畏死,奈何以死惧之?
若使民常畏死,而为奇者,吾得执而杀之。孰敢?
常有司杀者杀。
夫代司杀者杀,是谓代大匠斫。夫代大匠斫者,希有不伤其手矣。
鱼不可脱于渊,国之利器不可以示人。

第七十五章

【原文】

（民之饥，以其上食税之多，是以饥。民之难治，以其上之有为，是以难治。民之轻死，以其上求生之厚，是以轻死。）①

（夫唯无以生为者，是贤于贵生。）②

【注释】

①以上几句为《第七十二章》错简于此，此处当删。
②此句为《第五十章》错简于此，此处当删。

第七十六章

【原文】

人之生也柔弱,其死也坚强;草木之生也柔脆,其死也枯槁。故坚强者死之徒,柔弱者生之徒。

是以兵强则灭,木强则折。强大处下,柔弱处上。

(弱者,道之用。)① (物壮则老,是谓不道,不道早已。)②

(人之所教,我亦教之:"强梁者不得其死。"吾将以为教父。)③

【注释】

①此句原在《第四十章》,为本章错简,应移于此处。

②此句原在《第三十章》和《第五十五章》,为本章错简,应移于此处。

③此句原在《第四十二章》,为本章错简,应移于此处。

【新读】

人之生也柔弱,其死也坚强;草木之生也柔脆,其死也枯槁。故坚强者死之徒,柔弱者生之徒。

是以兵强则灭,木强则折。强大处下,柔弱处上。

弱者,道之用。物壮则老,是谓不道,不道早已。

人之所教,我亦教之:"强梁者不得其死。"吾将以为教父。

第七十七章

【原文】

（天地相合，以降甘露，民莫之令而自均。）①

天之道，其犹张弓欤？高者抑之，下者举之；有余者损之，不足者补之。

天之道，损有余而补不足；人之道，则不然，损不足以奉有余。

孰能有余以奉天下，唯有道者。

（是以圣人为而不恃，功成而不处，其不欲见贤。）②

【注释】

①此句原在《第三十二章》，为本章错简，应移于此处。
②此句与前文义不合，为《第六十六章》错简于此，此处当删。

【新读】

天地相合，以降甘露，民莫之令而自均。

天之道，其犹张弓欤？高者抑之，下者举之；有余者损之，不足者补之。

天之道，损有余而补不足。人之道，则不然，损不足以奉有余。

孰能有余以奉天下，唯有道者。

第七十八章

【原文】

　　天下莫柔弱于水，而攻坚强者莫之能胜，以其无以易之。（天下之至柔，驰骋天下之至坚，无有入无间。）① （柔弱胜刚强。）②

　　弱之胜强，柔之胜刚，天下莫能知，莫能行。

　　（是以圣人云："受国之垢，是谓社稷主；受国不祥，是为天下王。"正言若反。）③

【注释】

①此句原在《第四十三章》，为本章错简，应移于此处。
②此句原在《第三十六章》，为本章错简，应移于此处。
③此句与本文义无关，为《第归集一章》错简于此，此处当删。

【新读】

　　天下莫柔弱于水，而攻坚强者莫之能胜，以其无以易之。天下之至柔，驰骋天下之至坚，无有入无间。柔弱胜刚强。

　　弱之胜强，柔之胜刚，天下莫能知，莫能行。

第七十九章

【原文】

和大怨，必有余怨，安可以为善？（报怨以德。）①

是以圣人执左契，而不责于人。有德司契，无德司彻。（天道无亲，常与善人。）②

【注释】

①此句原在《第六十三章》，为本章错简，应移于此处。

②此句与本文义无关，为《第六十二章》错简于此，此处当删。

【新读】

和大怨，必有余怨，安可以为善？报怨以德。

是以圣人执左契，而不责于人。有德司契，无德司彻。

第八十章

【原文】

　　小国寡民。使有什伯之器而不用，使民重死而不远徙。虽有舟舆，无所乘之，虽有甲兵，无所陈之。使民复结绳而用之。

　　甘其食，美其服，安其居，乐其俗，（乐与饵，过客止。）①

　　邻国相望，鸡犬之声相闻，民至老死不相往来。

【注释】

①此句原在《第三十五章》，为本章错简，应移于此处。

【新读】

　　小国寡民。使有什伯之器而不用，使民重死而不远徙。虽有舟舆，无所乘之，虽有甲兵，无所陈之。使民复结绳而用之。

　　甘其食，美其服，安其居，乐其俗，乐与饵，过客止。

　　邻国相望，鸡犬之声相闻，民至老死不相往来。

第八十一章

【原文】

（信言不美，美言不信。善者不辩，辩者不善。知者不博，博者不知。）①

（圣人不积，既以为人，己愈有，既以与人，己愈多。）②

（天之道，利而不害；圣人之道，为而不争。）③

【注释】

①此句为《第五十六章》错简于此，此处当删。

②此句为《第七章》错简于此，此处当删。

③此句为《第七章》错简于此，此处当删。

第归集一章

【新读】

（人之所恶，唯孤、寡、不谷，而侯王以为称。）①

（故贵以贱为本，高以下为基。是以侯王自称孤、寡、不谷。此非以贱为本邪？非乎？故至誉无誉。是故不欲琭琭如玉，珞珞如石。）②

（夫物或行或随；或嘘或吹；或强或羸；或载或隳。）③（故物或损之而益，或益之而损。）④

（是以圣人云："受国之垢，是谓社稷主；受国不祥，是为天下王。"正言若反。）⑤

【注释】

①此句原在《第四十二章》，为本章错简，应移于此处。
②以上几句原在《第三十九章》，为本章错简，应移于此处。
③此句原在《第二十九章》，为本章错简，应移于此处。
④此句原在《第四十二章》，为本章错简，应移于此处。
⑤此句原在《第七十八章》，为本章错简，应移于此处。

【新读】

人之所恶，唯孤、寡、不谷，而侯王以为称。

故贵以贱为本，高以下为基。是以侯王自称孤、寡、不谷。此非以贱为本邪？非乎？故至誉无誉。是故不欲琭琭如玉，珞珞如石。

夫物或行或随；或嘘或吹；或强或羸；或载或隳。故物或损之而益，或益之而损。

是以圣人云："受国之垢，是谓社稷主；受国不祥，是为天下王。"正言若反。